# 산이 되어 물이 되어

첫
페이지를 펼친
당신은
이제
해맑음이요
아침이요
이슬이요
빛남이요
연꽃입니다.

# 열면서

본서의 내용은
눕고, 앉고, 서고, 걷는 중에
잠깐잠깐 스쳐지나가는
생각이나 느낌들을 메모해 두었던 것을
정리해본 것입니다.
일반적인 시의 형식을 갖추지 못하여
감히
시라고 내세울 것이 없지만
시詩란
본래
맑고 향기로운 참 마음의 이야기이며
자유로운 영혼에서 울려 퍼지는 복된 소리이며
양심을 깨우는 말씀이라 여기기에
시詩라고
이름을 붙여 본 것이니
독자제현께서는
무식함을 너무 탓하지 마시고
넓은 마음으로 혜량해 주시길 바랍니다.
『산이 되어 물이 되어』에 수록된 시는 총 108편.
시의 내용은 제목이 함축하고 있는 바대로
순간순간 변화하는 마음을
어떻게 바라보고
어떻게 사용할 것인지를 다루고 있습니다.

그것은 마음이 깨어있는 자가
보여주는
양심의 실천인
육바라밀에 관한 이야기이기도 합니다.
불자님들을 대상으로
행복한 마음을 위한 수련을 지도하면서
중요하게 다루어진 개념들을
염두에 두고 표현해 보기도 했습니다.

종종
불자님들과 소통을 위해서
인터넷상에 몇 편의 글을 올려드렸는데
이번 기회에 많은 분들이
접할 수 있는 기회의 마당을 만들어 보고자
마음을 내 봤습니다.
이 시집과
인연된 모든 분들께서
잠시라도
일상의 고뇌가 쉬어지고
행복한 마음이 되었으면 하고 바래봅니다.

2017년 가을 참선체조선원에서 종학합장

# 차례

# 축복

부처님께서
이 땅에 오심은
우리에겐
위안이고 축복이다.

부처님과 동행하면
그분의 에너지를 받아서
우리도
세상 속에
위안이 되고 축복을
전해주는
거룩한 사람이
될 수 있다.

부처님과 동행하는
삶은
이 순간에
몸과 맘을 열어
'깨어 있음'의 상태에서
우주와 교감하며
대자대비를
실천하는 것을
말한다.

# 기원

수많은 세월동안
굶주림에
길들여져
'나'를 떠나
'너'에게
뛰어다니던
고질적인 악습에서
벗
어
나
기
를
!

몸과 맘 그리고 생각이라
는
탐욕스럽고
이기적이고
어리석은
중생심의
마취상태에서
이제는
깨
어
나
기
를
!

## 대자대비

하화중생下化衆生이란
고통받는
중생의 아픔에
귀 기우리며
그 아픔을
초래하는
허망한 몸짓에서
벗어나도록
의식이
께어있도록
인도해주는 것을
말한다.

이것이
불교에서 말하는
대자대비인 것이다.

## 오체투지

엎드리니
비어지고
비어지니
아기 되어
마냥 엎드려
기고
싶구나!
태산을 품듯
신비롭고
옥동자를 잉태한 듯
어여쁜
새색시
같구나!

하늘까지
솟아 오른
산정山頂에
하늘이 내려와
입마춤하고
수줍은 그 얼굴을 감춘 듯
둘러 있는
구름 사이엔
눈부신 햇살이 빛을 토하네.
아하!
이것이
바로
부처님 미소로구나!

# 절

위로 하늘을 향하던 머리가
아래 땅으로 향할 때
더불어 나의 시선도 아래로 향하며
생각은 쉬게 되고
마음은
본래의 고향으로 돌아가
편안한 숨을 쉬기 시작 한다.

어느새
나의 마음은
하늘처럼
한 없이 둥글어가고
땅처럼
울퉁불퉁 거친 것까지
감싸 안을
빈
마음이 되어 간다.

절은
상대를 높이고
자기를 낮추는
하심의 표현이다.

물은
아래로 흘러
모두의 평등을
쫓아
평화롭게 흐른다.

청년기에는
불처럼
에너지가 꿈틀 거린다.
꼭,
청년기가 아니어도
에너지가 넘치는 사람은
승부욕이 넘치고
자신감이 강하다보니
자칫
실수하고
일을 그르치기가 쉽고
자제력이 약하여
안하무인이 되기 쉽다.

하늘은
높고
세상은
넓어서
배울 것이 많아
심사숙고해야 하는데
겸손함을 잃어서는 안 된다.
자기만
특별하고자
불처럼
위로
치솟는 마음은
모두의 평등을
향하여
아래로 흐르는 물로 다스려야 한다.

그래서
아래로 흐르는
물의 성질 따라
고개를
아래로 숙이고
몸을
아래로 엎드려서
땅과
수평이 되게 하는 절을
하는 이유가 여기에 있다.

절은
사람을
겸손하게 만들어
함께
나누는 삶을 살게 하고
모든 이의
행복을 위해 살아가게 한다.
절은
하늘과 땅이
인간을
통해서
소통하는 의미를 말해준다.
절은
마음을
하늘처럼
텅 비게 하고
몸은
땅같이 튼실하게 하고
정신은
밤하늘의 별처럼 깨어있게 하고
의식주는
가을마당처럼 늘어나게 하고
항상
찾는 이가 있어 외롭지 않게 하는 공덕이 있다.
단, 기계적으로 반복되는
동작은 의미가 없다.
동작 하나하나에
마음이 함께 하여야 한다.

# 빈자의 지혜

대장간의 아궁이에 들어간
새빨갛게 달구어진 쇳덩이는
높은 온도 속에서 자신을 비어내어
불순물을 빼내고 이완되어 있다.
망치로
두들겨질 때마다
더욱더 자신을 비어내어
금강처럼 강한 본래의 자기로 거듭난다.
참선체조선원에서 실시하는 '뼈골풀기'는 파트너가 등을 두드리며
굳어진 근육을 이완시키고 혈을 자극하여 풀어서
기혈순환을 촉진하는 운동법이다.
두들길 때마다 몸의 긴장을 풀어서
최대한 이완을 해주어야 효과가 생긴다.
불교의 사물인
범종, 법고, 운판, 목어와
기도할 때 사용하는
목탁이나 요령 등을 보면 속이 비어져 있다.
밖에서
두들기면
그 자극에 속이 텅 빈 소리로 반응을 일으킨다.

듣는 이로 하여금
마음 속 깊숙이까지 자극을 주면서
감동을 일으키는 것이다.

인생도
살아가면서
외부로부터 수많은 시련을 받는다.
그때마다
맞서서 강해지려고 이를 깨물지 말고
엎드려서
하심하며
생각을 비어내면서
다시 자리에서 일어나도록 해 보라.
금강처럼 강인한
본래의 참 나로 거듭나 있는 자기를
발견하게 될 것이다.
비어냄 속에서
상황을
조정해 낼 수 있는
빈자의 지혜를 얻을 수 있다.

# 탑돌이

탑이란
부처님의 사리를
모셔 논
성스런 예배의 대상이다.
그것은
생사를 초월한
열반의 세계인 하늘나라를 상징한다.
탑돌이 의식은
세속 생활에
찌든 때를 씻어 내고
불국토로 나아간다는 의미이다.

탑을 중심에 두고
원을 그리며
돌아가는
탑돌이 수행은
온갖 생각과 감정들이
마음의 중심을
차지하고
자신을 힘들게 했던 상태에서
이들을
마음의 주변으로
밀어내고
텅 빈
중심에 나타난
탑의 층계를 밟고
하늘나라로 입성케 하는 방법이다.

자연을 보면
극소무한대한 원자의 세계도
돌고
극대무한대한 천체의 세계도
돌고
그 가운데
만물과 인간과 문명사회도
돌아가는 이치 따라
돌고 있다.
사는 것도 돌아가는 것이요
죽는 것도 돌아가는 것이기에
'돌아가셨다'고 하는 것이다.
그래서
돌아가고 돌아옴의 이치를 활용하여
보살은
대중의 이로움을 우선하여 상생으로
중생은 자기의 이로움을 우선하여 상극으로
살아가니
상생의 씨앗은 기쁨으로 돌아오고
상극의 씨앗은 고통으로 돌아온다.

흐르는 물도
수많은 물방울들이 돌면서
하나의 물줄기를
만들어 흘러가고
바람이나 태풍도
회전하면서
휩쓸고 지나가고
허공을 통과하는
빛도
그냥 쏟아져 내리는 것 같아도
빛 입자들이
회전하면서
쏟아져 내리는 것이다.

구멍을
드나드는 움직임 자체가 일종의 회전현상이다.
눈구멍으로 들어오는 빛깔들
귓구멍으로 들어오는 소리들
콧구멍으로 드나드는 공기들
입 구멍으로 들어오는 음식물들
몸으로 들어오는 느낌들
의식으로 일어났다 사라지는 생각들
모두
돌고 돌면서
인연 따라서 쓰여 진 각본에 따라 연기를 하다가
흔적 없이 연기처럼 흩어진다.

그러므로 세상을 살면서
탐욕만 버리면
고통스러울 것도 없고
허탈할 것도 없이
살아 있는 그대로 안락하고 행복한 것이다.
이 복된 소식을
아는 자는 웃으며 죽고
모르는 자는 고통 속에 살다 죽는다.

## 욕망의 신기루

세상은
수많은
숫자노름 위에서
밀고 당김을
반복하는 것이니
영원한 것이란
하나도
존재치 않는다 .

그러므로
깨어있는 사람은
실체가 없는
욕망의
신기루 속에
마음을
머무르게
허용치 않는다 .

## 흔적 없는 삶

새는
허공에
앉지 않으며
둥지를
지어
머물려
하지를 않는다.
그러나
우리의 삶은
마치
허공가운데
가지를
뻗고
둥지를 지어
머물려 하는 것과
같다.

그것은
탐욕스럽고
이기적이고
어리석은 생각이
만들어낸
잘못된 마음 습관 때문이다.
부처님이
말씀하신
몸
마음을
사용하는 법을
실천하면
무상한
현실에 묶여서
고통 속에
힘든 나날을 보내는
삶에서
벗어나서
허공을
나는
새처럼
자유로운 자가
될 것이다.

금강경에
'응당 머무는 바 없이
마음을 내서 사용하라'는
가르침은
탐욕부리지 말고
화내지 말고
어리석지 말고
집착 없는 삶을
살라는
것이다.

# 중도中道

쾌락은
감각적 욕망을
인정하고
따라가는 것이요.

고행은
부정하고
억압하거나
외면하는 것이요.

중도란
욕망을 쫓지도 않고
억압하지도 않으며
오직 지켜보는
수행적 태도를 의미한다.
마치 갓 태어난 아기처럼!

갓 태어난 아기가
무슨 생각이 있으며
무슨 감정이 있을리 없다.
마음이 갓난아기의
천진한 상태로
돌아가야
세상적인 것을 탐닉하는 피조물의 신세를
벗어나서해탈
창조자의 의식을
회복열반하게 되는 것이다.

# 자연스럽게 잘 사는 길

'콩 심은데 콩 나고 팥 심은데 팥 난다.'는 속담은
자연이 알려주는 처세법이다.
주는 대로
받고
받는 대로
주게 된다는
명명백백한 가르침이다.
은행에 돈을 저축해 두면 나중에 돈을 찾아서 쓴다.
찾아 쓸 만기일을 잊고 지내도
은행에서
만기일이 다 되었다고 문자를 보내온다.
세상에 태어날 때
가지고 나오는
사주팔자의 프로그램이 이와 같다.
깨어있는 스승들은 말씀하시길
자신이 원하는 걸
상대에게 해주고
자신이 원치 않는 걸
상대에게 원하지 않는 것
이것이 바로 선행 이라고 하셨다.

자신이
원하는 것을 먼저 상대에게 해주면
상대는
그대로 나에게 돌려준다.
내가 원치 않는 것을 상대에게
강요하면
상대도 나에게 똑 같이
대응하게 된다.
자신이 왕 노릇하고 싶으면
가까이 있는 사람을 왕처럼 대하면 된다.
자신이 노예처럼 살고 싶으면
가까이 있는 사람을 노예 부리듯 하면 된다.
자연의 가르침은
이렇게 간단명료하게 삶의 지침을 알려주고 있다.

당신은
지금
행복하다 생각하는가?
불행하다고 여기면 주변을 둘러보라.
그 사람들이 당신에게 행복을 가져다 줄 사람들이다.

그들이
당신의
눈길에 행복해 하도록 하라!
말에 행복해 하도록 하라!
표정에 행복해 하도록 하라!
몸짓에 행복해 하도록 하라!
그리고
마음속으로
당신 주변에 그들이 있어줘서
감사하다고 생각하라!
이렇게 100일만 실천하면
그들이
당신을
행복한 사람으로 만들어 줄 것이다.

# 살아 있음이 기쁨

자족감이란
자기를 존중하는 마음이다.
지금
이 순간
살아 숨 쉬고 있는
자체만으로도
감사하고 기쁜 마음이 일어난다.
그는
'살아 있음'에 대한
생명의 기쁨을 누릴 줄 아는 사람이다.
자기
생각을 내려놓고
감정을 비어냄으로서
드러난
참 마음의 기분이 그렇다.
자기를 위해 경쟁심리를 갖고
자신을 채찍질하며
전투적으로 내 몰지 않는다.
삶
자체를
게임을 즐기듯이 하고
밤에는
천진한 아기처럼
편안한 잠자리에 든다.
아침에 눈을 뜨면
머리맡에 놓여진
새로운 하루라는 선물꾸러미를
감사히 받아 챙기며 일어나는 것이다.

# 절망의 순간에 기도하라

'피하지 못할 바에야 차라리 즐기라'는 말이 있다.
원수를
외나무다리 위에서
만난 듯
필할 수 없는
고통의 순간을 만나면
도망치려말고
그 자리에
엎드려
기도하면서
잠시 숨을 골라야 한다.
세상사는
무상한 것이니
반드시 반전의 기회가 찾아온다.

혹독한 추위를 만난 것은
봄소식이
가까이 다가와 있음이니
희망을 가지고
열심히 기도를 하여야 한다.
풀건
풀어
가면서
새 길을 열어야 한다.
그래서 운명을 조정하는 기도가 필요한 것이다.
기도!
그것은 원자폭탄을 지닌 것과 같아
마음에 두려울 것이 없다.

# 나를 바꿔라

내가 바뀌지 않고서는
자기를 고통스럽게 하는
문제점이
정리되지 않는다.
꽃이 피어 향기가 날리면
벌과 나비가 날아들고
바지에 묻은 똥을 씻지 않고 다니면
벌레나 파리가 들끓기 마련이다.
똥을 싼 나를 탓해야지
똥을 쫓아온 벌레나 파리를 탓해서는
문제가 풀어지지 않는다.

내가 원치 않는 결과가 발생했어도
그 문제의 원인이
자기에게 있다는 것을 이해하고
운명의 프로그램을
수정하는 작업에 착수해야 한다.
그것이 바로 기도인 것이다.

내가 살기 위해서 기도하며 자신을 정화해야 한다.
내가 먼저 살아나면
자신과 얽혀있는 인연들도
하나씩 정리되어
각자 자기 자리로 돌아가게 된다.
문제를 풀어내려면 책임의 크고 작음을 따지지 말고
무조건
자기 잘못함을 고백하고 용서를 빌어야 한다.
'부처님!
죽을죄를 지었습니다.
살려 주십시오.
바른 길을 열어주십시오.
부처님!'
하면서 매달려야 한다.
무조건 엎드린 자에게는 무조건 길이 열린다.

# 산은 어머니의 자궁

산에 들어가면
포근함을 주는 것은
어머니의 품을 닮아서 그렇다.
지각변동에 의해 평지가 솟아올라서 된 것이
산이다.
그 모양새가
여자가 임신한 모습과 같아
여자가 임신하면 '배가 남산만큼 불렀다'라고
하는 것이다.

태아는
열 달 동안 뱃속에 머무는 동안
먹고, 마시고, 놀고, 자는 걸 전혀 걱정 안 해도 충족이 된다.
생존을 위해
수고하고 무거운 짐을 걸머질 필요 없이
휴식하면 된다.

산에 가면 태아가 어머니의 품에 들 듯
포근함이 느껴진다.
세상사 어려움을 겪거나
중병이 들거나
노후를 편히 휴식하며 지내려거나
삶을 재구성해 보고자 할 경우엔
산에 들어가거나 산동네에 정착생활을 하려 한다.
그것은
인간의 맨 처음의 상태인
어머니의 모태 속으로
다시 돌아가서
자신의 삶을 재정리하고 새롭게 태어나고 싶은 몸짓이다.

그리스도의 산상수훈으로 탄생된 복음서
부처님의 영축산에서의 법화경
이 모든 가르침은
산을 무대로 해서 설파되었고
그 주제는
세상에 오염되기 전의
순수한 갓난아이의 마음으로
돌아가라는 메시지인 것이다.

때때로 산에 올라보자.
바위 위에 누워도 보고
나뭇가지 위에 걸터앉아도 보고
무성한 잡초 위에 서도보고
가파른 길
평평한 길
바위틈 길
계곡 길
내리막 길
오르막 길
크고 작은 길을 걸어 보며
온갖 생명체를 품에 안고 키어내는
충만한 모성의 힘을 알아차려 보자.
그리고 휴식과 치유와 위안과 용기와 희망의 에너지를 느껴보자.

많은 산악인들이 유명한 에베르트산정을 밟아 보려고
목숨을 건 등반의 이유에는
인간의 출발점인
어머니의 품을 찾아
사랑과 자비에 목마름을
해소하고자 하는
심리가 있는 것이다.
그런 점에서
산을 밟는 것 자체가
영혼을 구원키 위한 기도이며
참 나를 발견하고자 하는 수행이다.

# 수행

그것은
나의
미세한 움직임
하나까지
귀 기우리며
관심 속에
지켜보는 것.

몸과
맘의
움직임을
무관심한 죄로
몸과
맘은
서서히
병이 들어
죽어간다.

자기 몸과 맘에 대한
관심!
그것은
사랑과
자비이며
축복을
자기에게
선물하는 것이다.

# 다 같은 이치로

나무가
가을바람에
낙엽이
하나 둘씩
떨어져 내림이
지계요
앙상한 뼈대만 남긴 채
홀로
서 있음이
선정이며
영양분을
뿌리로 거둬서
추운 겨울동안
살아 있음이
지혜이다.

사랑하는 님네가
목욕재계함이
지계요
서로에게 몰두하며
사랑함이
선정이며
사랑의 절정에서
몸의 진기를
아낌없이 쏟아냄이
지혜이다.

번뇌와 망상을
내려놓음이
지계요
한 마음에 뜻을 두고
움직이지 않음이
선정이며
절정에 이르러
의식의 진기가
광명으로 쏟아져 나옴이
지혜이다.

일체중생을
고통으로부터
구제하겠다는
원이
지계요
일체중생을
대자대비의 맘으로
품어 드림이
선정이며
일체중생을
인도하여
깨어있게 함이
지혜이다.

# 참 나 사랑

맘
사랑을 하려면
깨끗하고
평화로운
마음 상태를 충동시키는
외부의 자극이 멈춰져야
고요하고 깨끗한 참 나가 드러난다.
이 상태를
'본래무일물'이라 하여
외부의 자극에 영향 받지 않는
참 나가
각성된 상태라 한다.

남녀 간에
사랑이 깊어지면
하나라는 것을 확인키 위해
몸에 걸친 실오라기 하나까지 벗어 던지며
절정으로 치닫는다.
그 절정의 끝에는
몸의
진액인
정액을
방사하게 된다.

맘 사랑은
맘을 가리고 있는
하나의
생각, 느낌까지도
'비워' 버려야
절정에 가서는
대자대비의
사랑을 체험하고
지혜의
불꽃을 방광하게 된다.

## 세심사를 생각하며

얼굴을 씻는 걸 세안
손을 씻는 걸 세수
발을 씻는 걸 세족
몸을 전체적으로 씻는 걸 목욕이라 하고
맘을 씻는 걸 세심이라 한다.

그럼 마음은 어떻게 씻어 내는 걸까?
세상에 대한 욕망
시기하고 질투하는 마음
어리석은 생각들로
찌든 마음을
깨끗이 씻어 내서
자신이
관세음보살이 되어 묘음보살의 음성을 들을 수 있어야 한다.

귀에 들리는 일체의 소리가 하늘의 소리요
눈에 보이는 일체의 모습이 하늘의 모습이요
코에 드나드는 일체의 숨 쉬는 것이 하늘과 호흡이요
몸에 느껴지는 일체의 감정이 하늘의 느낌이요
의식에 떠오르는 일체의 생각이 하늘의 생각으로 가득차야
비로소 관세음보살이라고 할 수 있다.

어떻게 하여야 이와 같이 될 수 있을까?
마음이
하나의 길로
들어서서
하나의 문 곧 하늘 문으로 들어가야
묘한 음성인 복된 소리를 들을 수 있다.
마음이
하나의 길로
접어드는 것은 어떻게 가능할까?

하나의 주제에
정신을 집중하여
침묵하며
하늘 문이 열릴 때까지
인내심을 가지고
기다려야 한다.

하나의 주제란 무엇인가?
수많은 생각과 감정의
움직임을 멈추게 해서
세상에 오염되기 전의
마음의 순수성이
드러나게 할 수 있다면
말씀, 사랑, 평화, 감사 등
그 대상이 무엇이든 상관없다.

## 세 가지 배움의 길

맑고
고요한
밤하늘에
별이 빛나고
휘영청 밝은 달이
일천 강에 비추이는
자연을
바라볼 때마다
느끼는 것은
한없는
아름다움과
신비로움이다.

몸이
긴장에서
벗어나
위안되고
정신은
한 점에
머물러
중심성을 회복하면
마음은
자연히
희로애락으로부터 벗어나서
대자대비를 체험하며
밝은 지혜의 빛을
비추이게 된다.

몸이
긴장에서
벗어나
이완되어
중심을 확보하였으니
이것이 계율이며
정신이
한 점에 머물러
대자대비를 체험하니
이것이 선정이며
마음의
진기인
지혜의 빛이
발산되니
이것이 지혜인 것이다.

그러므로
수행자는 제일 먼저
몸을
최대한 이완시키고
그 다음
한 점에
정신을 집중하며
진인사대천명의 자세로
정진해
나가야 한다.

# 돈의 마음을 얻어라

돈을 노예처럼 함부로 다루면
그 돈이 당신을 노예로 만들 것이다.
한 평생 당신을
돈! 돈! 돈! 하면서 돈에 질질 끌려 다니게 하다
죽게 할지도 모른다.
그러나
돈을 귀인처럼 대우하면
돈이 당신을 귀인으로 만들어 줄 것이다.

술을
버릇없이 종 대하듯 하면
술이 당신 몸 안에 들어가서
당신을 종처럼 마구 휘저을 것이다.
그러나
술을 귀인 대하듯 하면
술이 몸 안에 들어가
감정을 충동하며 정신을 혼란스럽게 하지 않을 것이다.
당신이
꼭
돈을 벌고 싶다면 돈을 설득하고
감동 먹게 해 보라.
돈이
당신을
죽을 때까지 그림자처럼 따르며 충성할 것이다.
당신이
돈을 벌어야 된다는 이유를
돈에게 전달해 보라!
당신의 마음을
돈이 읽어보게 될 것이다.
견물생심이란
우리가 눈으로 보게 되는 것은
반드시 마음에서 일어난다는 것이다.
기억해야 할 것은
자기가 바라보는 대상도
자기를 동시에 바라보고 있다는 사실이다.
설사 말 못하는 무정물일 지라도.

자연 속에 있는 모든 것은
나와 알게 모르게 에너지로 소통하고 있다.
이름 모를 한 포기의 풀이나
말 못하는 돌멩이 일지라도 그렇다.
눈에 보이고
귀에 들리고
코로 숨 쉬고
입으로 맛보고
몸으로 느끼고
의식으로 생각하고 하는 등의
그 무엇이든지
'저것은 나를 모르겠지' 하는 마음으로
가볍게 취급하면 안 된다.
정녕 돈이 필요하다면
돈을 자기 앞에 가지런히 놓고
합장하며
자기의 진심을 얘기하도록 해 보라.
부처님께
자기의 소원을 빌듯이.

## 부처님 감사 합니다

'부처님 감사합니다.' 의 제목을
지속적으로
염송하고 명상하면
탐욕스럽고 이기적이며 화를 내던
마음과
시기하고 질투하고 어리석은 부정적인
마음이
다스려진다.

이해와 포용력이 커지고
밝고 생기 넘치는 에너지가
자신감을 충만하게 하고
긍정적인 마음상태로의 변신을 유도하는 것이다.

많은 불자들의
마음 공부하는 것을 지켜보면
평소 그 사람의 '심보'가
그대로 있는 것을 발견하게 된다.
마음이
부정모드에서 긍정모드로 전환 되지 않아서 그렇다.

그러나 '부처님 감사합니다.'를 통해
부처님께 대한
감사의 마음이
주변으로 흘러 넘쳐서
맑고 향기롭고 화기애애한 분위기를 조성하게 되는 것이다.

감사를 모르는
마음공부는
에고를
강화시켜서
더욱 탐욕스럽고
화내게 하고
어리석은 행동을 하도록 만든다.
자기의
배가 고프면
이웃의
배고픔을
이해하고 챙기려는 마음이 생기지 않으며
자신이
행복하지 않으면
이웃의 행복을 위한 봉사를 할 수 없는 것이다.
'부처님 감사합니다.'를 염송하는 것은
자기의
마음환경을
부정에서 긍정으로
조성하는 작업이며
만복을 불러드리는
주문이다.

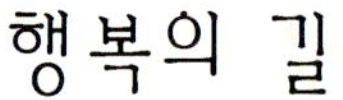

# 행복의 길

생각이란
잡념을
털고
감정의 찌꺼기를
씻고
본래의 깨끗함을
노출시키는 것이
열반이다.

부처님께서는
"아무 생각 없이 백 년을 사는 것 보다
몸과 마음을 관찰하여
오온色受想行識이 공함을 알고
사는 하루가 더 낫다."고 하셨다.

이 길만이
현실의
근심
걱정
생사의 고통으로부터
벗어날 수 있는
유일한
길이다.

# 무명초 無明草

불교는
나무의 줄기를
한손에
움켜쥐고
단숨에
그 뿌리 채
뽑아 내 버리는 절切: 끊을, 절
수행
이
다
.

그래서
무거운 '현실의 집'을 내려놓고
평화롭고
행복한 본질에
이르기 위해서
정신과 물질의
무소유를
주장하며
뿌리를 상징하는
긴 머리털현실에 대한 감각, 마음, 생각을
삭도로
밀어 버리는
것
이
다
.

# 아는 것과 깨달음

수행이
따르지 않는다면
철학이론은 물론
영혼의 구제나
마음의 해탈을
전하는
성인의 가르침이라도
집착을 낳고
어리석은 사견을 고집하여
분란을
초래한다.

천변만화하는
상象의
중심성은
부동하니

수행을
통해
초연超然한
마음을
발견해야
중심中心잡힌
인간이 된다.

# 내려놓음

모양과 소리는
시시각각으로
변화하는
현상現象인
것이니

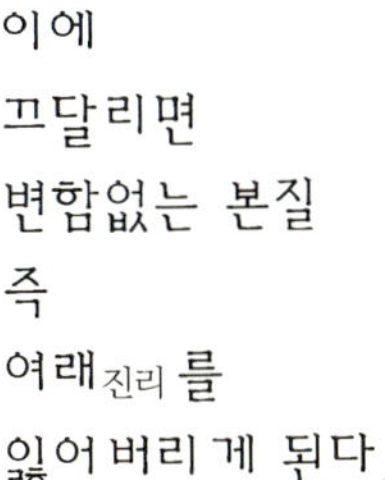

이에
끄달리면
변함없는 본질
즉
여래진리를
잃어버리게 된다.

그러므로
현상에
끄달리는 마음을 쫓지 말고 내 버려두라!
이것이
'내려놓음'과 '비움'의 의미이며
갓난아기로
돌아가서
극락에
태어나는
거듭남의 비밀이다.

# 뿐이요

구름이
바람에 떠 밀려가도
허공은 단지 바라볼 뿐이요
바람이
매섭게 산 계곡을 휩쓸어도
산은 단지 바라볼 뿐이요
파도가
일렁거려도
바다는 단지 바라볼 뿐이요
고드름이
처마 끝에서 녹아 내려도
햇빛은 단지 바라볼 뿐이요
부처님 전에
엎드려도
부처님은 단지 바라볼 뿐이요
내 마음에
욕망과 이기심과 어리석은 생각이 일어나도
단지 바라볼 뿐이다.
오고감의 자취와
일어나고 살아지는 자취가
끊어진 바라봄중도 자리에서
무엇을
탐하고
성내고
어리석어질 것이 있으랴!

# 봄 소식

봄은
허공가운데
자연 원소지수화풍가
인연으로 결합되어
각각의 물상을 표현하며
터져 나오는 시기이다.
이러한
싹틈의 현상을
세세하게 지켜보며
알아차린다는
의미로
봄의 메시지는
관觀과 통한다.

나의
세세한 변화 모습을
지켜보며 알아 챙기다 보면
'참나'가
스스로
들어나는 것을
알게 된다.
과도한 욕심
시기하고
질투하는 마음
어리석은 행동들은
인간관계를 뒤틀리게 하고
고통의
쇠사슬 속에
서로를 가두어 버린다.

'참나'는
탐욕스런 마음을 비우고
이기적인 성냄을 버리고
어리석은 생각을 멈출 때
비로소
본색을 드러내며
사랑에 충만
자족감
지혜로운 마음이 된다.

겨울 내내
눈 덮인 산야도
봄
햇살에
녹아내리며
푸른 자연색을 드러내듯
바라봄의
힘에 의해
지혜의 빛이 드러나면
탐욕
화냄
어리석은 마음은
모습을 감추고
마음은
깨끗하고
환하게 웃음 뛴
모습이 된다.

# 여름 소식

텅 빈
허공 속에
꾸미는 축제가
열리는
공즉시색空卽是色으로 충만 하는 시간이다.
자기의
색깔을
생각대로 펼쳐 보이고
목소리를
맘껏 울려 퍼지게 하고
숨결이
가득 뻗어나가게 하고

온 세상을
맛보려하고
온 세상을
느끼려 하고
온 세상을
알려고 하면서
자기를
주렁주렁
열매 맺게 하고 싶은 것이다.
그래서
여름의 뜻은
'열림 - 열리다'에서 왔다.

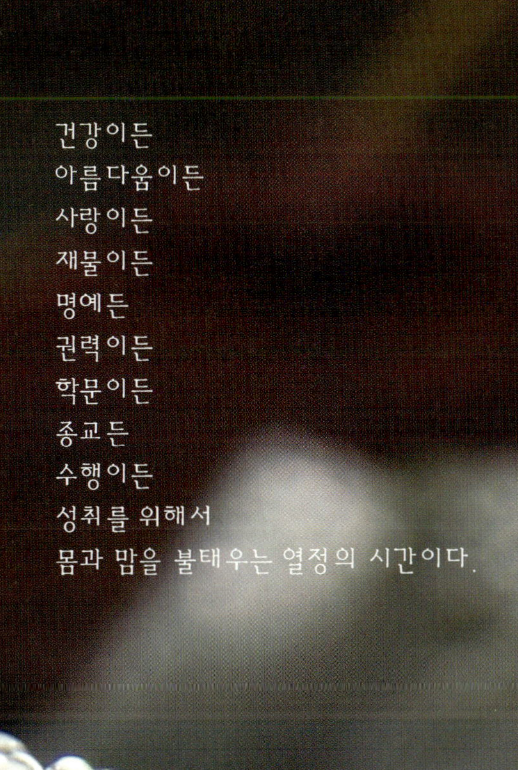

건강이든
아름다움이든
사랑이든
재물이든
명예든
권력이든
학문이든
종교든
수행이든
성취를 위해서
몸과 맘을 불태우는 열정의 시간이다.

그러나
가을이 되어
결과를 확인한
후에는
색즉시공色卽是空하는 비움의 시간 따라
낙엽
한 잎도
남기지 않고
다
거두어가게 한다.
단지
열매인 씨알만
자기 삶의
전 과정을 기록한 채
땅속에서
다가오는
봄을
기다리고 있는 것이다.

그러나
인간은
뿌리를
땅이 아닌
하늘 허공에 두고 살기에
죽으면
허공중에
씨알인 혼이 머물게 된다.
그래서
다시
인연이 되면
자신의 모습을
나타내게 되니 이것이 환생이다.

이 세상살이가
무상하며
고통이며
하나도 지닐 것이 없다는
것을
깨달은 보살만이
보고
듣고
숨 쉬고
맛보고
느끼고
생각하는
소재로
만들어온
물질이라는 몸과
정신이라는 틀을
해체시켜서
윤회라는
중생의 삶을 청산하고
자유로운 자가 될 수 있다.
그래서
색을 공으로 돌이키는
가을
바람결에
떨어지는 낙엽처럼
생각과
감정을
거두어 드리게 된다.

## 가을 소식

봄여름에
자기를
꾸미며
가식의 탈을
쓰고 살던
자연이
가을에 접어들어
낙엽
한 잎도
남김없이 떨쳐내며
진실된
자기
모습을 드러낸다.

마치
수행자가
온갖
번뇌망상을 떨쳐내며
진실된
자기 속 모습을
드러내듯이.

그래서
가을은
뚜렷하게
세상과
자기를
보도록 기회를 준다.

가을은
인생무상
아픔
내 것이라
고집할게
하나도 없음을
깨닫게 해주는
부처님의 가르침이다.

비로소 웃는다.
아,
이것이 인생이구나!
그래서
더욱 더
사랑해주며
이해해주며
낙엽 한 잎까지도
이 땅에 보시하며
살다가는 나무처럼
우리도
그렇게
살다 가야겠다.

웃을 일에는
같이
웃어주고
울 일에는
같이
울어주고
좋아하는 것이면
가능한 들어주고
때 묻지 않고
편안한 마음으로
살다 가도록 하자.

## 겨울 소식

외부 날씨가
추워지면
몸도
맘도
움추러 들고
보고
듣고
느끼고
생각하는
기능이 둔해진다.

외부 활동량을 줄이고
보고 듣고 느끼고 생각하는데 사용되는
에너지 자원을
절약해서
마음을
내면으로
향하라는
자연의 메시지를 읽어야 한다.

겨울은
내면으로
관심을
돌리는
명상의 계절이다.
곰은
고목나무
속에
들어가
명상에 들고
뱀과 개구리도
명상에 들고
땅에
뿌리박고 사는
나무들은
영양분을
뿌리로
모으는
명상과정에 들어간다.

그래서
스님들은
겨울을
나는
짐승처럼
영양물질을
뿌리에 저장하는
나무처럼
좌부동坐不動에 앉아
일체의
몸짓
감정짓
생각짓을
멈추고
명상에 든다.

겨울은
근본을
확인하기 위한
죽음돌아감의 과정으로
모든
간섭으로부터
벗어나
자유로운
참 나를
깨어나게 하는 시간이다.

## 사계절

'봄'
마음속
깊이
열린
숨길
사이로
빛의
축복이
쏟아져 내리고
꽉 막힌
가슴이
허공처럼
텅
비어 감을
본다.

'여름'
허공 속
빛
꽃 마당엔
형형색색의
수많은
열매가
주렁주렁
열어 간다.

'가을'
황혼
빛
찬란한
서산 기슭아래
영롱한
열매를
잿더미 속에
남겨 놓고
황금물결
거슬러
본래 왔던
고향으로
돌아가려 한다.

'겨울'
허공은
땅을 덮고
땅은
허공을 品어
뜨거운 열기로
감싸
앉음이
눈물
겹도록
사랑스럽다.

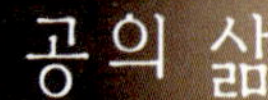


우주는
절대인
공空이
상대인
색色으로 전개되었다가
스스로
색色을 거두고
본래의
공空의 상태로 돌아가는
자연적인
삶의 과정으로서
공空에서
왔다가
공空으로
돌아가는 것이다.
봄여름가을겨울
아침낮저녁밤
생로병사가
바로 그것이다.
그러므로
일체존재의
본
모습은
공空과 다르지 않고
바로
공空인 것이다.

지구의
자전과 공전은
공空이란
생명으로
하여금
생존을 위한
욕구를 발동시키고
생각에 의해서
'나'를
동작케 하다가
허공중에
살아지게
하는 것이다.

그러므로
천 백억의 다양성을
소급하면
모두
공인 것이다.
빛이
프리즘을 통과하면
일곱 가지 무지개 색깔로
나타나지만
원래
하나의 빛인 것이다.

마음공부란
다양한 색깔들의
차이점을
하나로 이어서
본래 하나였던
빛으로
다 함께
돌아감을 의미한다.

오늘도
슬프고
답답하고
괴롭고
힘들고
때론
즐겁기도 했던 하루였지만
밤은
모든 것을 끌어 안고
공으로
돌아간다.

# 걸림 없는 몸짓

견성이란
본질을
알아차림이요

성불이란
마음을
일으켜 쓰지만
걸림이 없는
자유로운 몸짓을 이름 함이다.

어떤 가르침을 실천하든
결국에는 본질에 이르는 길이다.
단지
빠르고
늦음이
있을 뿐이다.
그리고
본질에
이른 후에는
도달하는 방법을 고집하지 말고 버려라.
그것은
자기의 길에
불과한 것이었기에.

본질은
움직임이
끊어진 자리인
운동성이
정지된 죽음의 상태이다.
느낌과
감정과
생각이
멈춰버린 상태 곧 이완되어 있다.

수행은
먼저
이완에 들어야 한다.
그 후에
정신을
하나의 대상에
집중하는
내공수련이 있어야 하고
본질의 빛
곧
지혜가
드러나야 한다.

# 일관一貫

마
음
을
관찰하여

하나의
이
치
속으로
들어가면

무상
과
무아는
가식의 옷을 벗고
사라져
버
린
다.

그래서
달마대사가 말씀하시길 '마음 관하는 법이 일체의 행위를 포섭한다.' 고
하
셨
다.

## 이완

이완은
에너지를
집중적으로 사용할 수 있는
준비상태인 것이다.
이완이 되었을 때만이
움직임을
주체적으로 할 수 있다.

몸과
맘을
이완하고
하나의
대상에
정신집중을
지속하다 보면
몰입이 일어나고
이슥고
삼매의 빛이
나타나며
내 것이라는 소유관념이
삶아지게 된다.

외형적으로는
이완되어
침묵하고 있지만
내면을 향해서는
에너지를
한 지점으로
쏟아 붙는
전력 질주가 일어나는
수행 과정인 것이다.
그러므로
수행은
몸의 힘을 빼고
사고를 중지시키는 것으로부터 시작하는 것이다.

몸이
긴장상태에서
벗어나지 못하면
의식은
몸에 끄달려 다니게 된다.
심지어
휴식을 취하고 수면을 취하는 시간까지도
끄달림은 계속되어
피로가 해소되지 않고
몸을
심하게 뒤척거리거나
산만한 꿈을 꾸거나
잠꼬대를 하게 되는 것이
긴장상태가 이어지기 때문이다.

몸이
이완되면
몸은
무의식 상태에서 휴식을 취하며
에너지를 충전하게 되고
의식은
몸에 끄달리지 않고
자유로운 상태에 놓이게 된다.
움직임이 필요할 때에는
즉각적으로
의식의 힘을 사용하여
상황에 대응하는
강력한 힘(지혜의 빛)을 자동으로 발산하게 된다.

그러므로 깨달음을 성취하게 되면
고요하나
시끄러우나
자나
깨나
의식이 몸에게 끄달려 다니지 않고
자유로운 존재가 된다.

보제존자 나옹화상은 이를 두고
"공부가 다 이루어지면
움직임과
고요함에 간격이 없고
자나
깨나
한결같아서
부딪쳐도 흩어지지 않고
방탕해도 잃음이 없다." 라고 하셨던
것이다.

그러므로 이완이란
내 것 이라고
집착할 것이
하나도
없음의 상태인
무아로
방하착인
것이다.

# 순수

돈을
버는 것이 중요한 것이 아니라
돈을
어떻게 쓸 것인가가 중요하다.
얼마큼 배울 것이냐가
중요한 것이 아니라
배운 걸 어떻게 사용할 것인가가
중요하다.

진리를
아는 것이 중요한 것이 아니라
아는 진리를 어떻게 사용할 것인가가
중요하다.

순수함을 잃어버린
돈과
학문과
진리는
나와 세상을
어두운 구렁텅이 속으로
밀어 넣는 흉기이며
불행의 독이다.

순수함은
나와 세상을 변화시킬
힘이며
희망이다.

# 깨어 있음

떠오르는 생각에
멈춰있으라.
떠오르는 기분에
멈춰있으라.
마치 고양이가 쥐를 노려보듯.
화가 나도
우울해도
욕정이 일어도
그냥 바라보기만 하라.

한 생각
한 기분도
더 나아가지 말라.
어지러운 생각과 기분은 강풍과도 같다.
닥치는 대로 쓸어 엎으려고 할 것이다.
그 분노와 공포로부터 도망치려 할 것이다.

그러나 알아야 한다.
지금
자기에게
일어나는 것은
생각과 기분일 뿐
사실이 아니다.

햇빛이
쨍쨍 내리 째는
밝은 하늘에 내리는
눈발은 떨어지는 즉시
녹아서 사라진다.
단지 일어나는
생각과 기분을 바라보기만 하라.
'세월이 약'이라고 하듯,
좀 기다리면
사라지게 된다.

당신은
어지러운 생각에서 벗어나서
평화롭고 지혜로워져 있을 것이다.
분노가 사라지고
편안한 기분이 되어
웃음 띈 얼굴이 되어 있을 것이다.

## 무 無

침묵의
자리엔
움직임이
제
로
이
다.

썩은
진흙 밭에서
연꽃이
피어나듯

죽음
가운데서
새로운
지
혜
의
불꽃이
피
어
난
다.

## 빛의 눈으로 바라보자

인생은
하루하루가 순간순간이
일어났다 살아지는 파도와 같다.
흐르는 강물은
항상 같은 것 같아도
같은 물은 두 번 흐르지 않는다.
매일 보고 사는 사이라도
어제의 그는 어제로 살아지고
오늘은 새로운 그와 만나고 있는 것이다.
따지고 보면
이 세상에는
두 번을 되풀이하는 것은
존재하지 않는다.

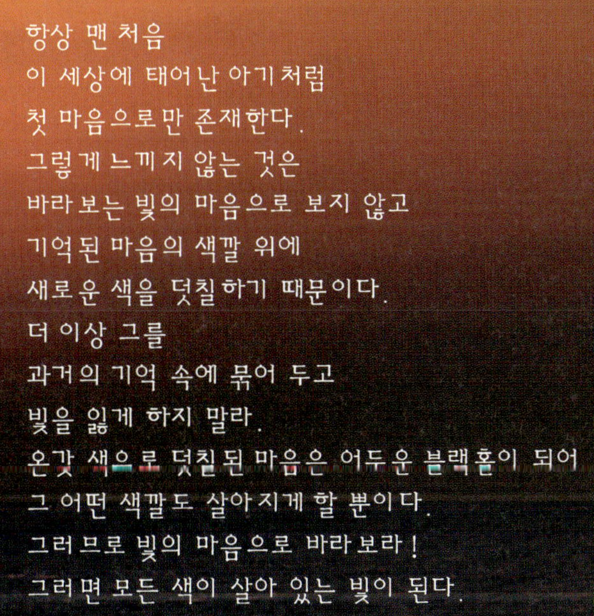

항상 맨 처음
이 세상에 태어난 아기처럼
첫 마음으로만 존재한다.
그렇게 느끼지 않는 것은
바라보는 빛의 마음으로 보지 않고
기억된 마음의 색깔 위에
새로운 색을 덧칠하기 때문이다.
더 이상 그를
과거의 기억 속에 묶어 두고
빛을 잃게 하지 말라.
온갖 색으로 덧칠된 마음은 어두운 블랙홀이 되어
그 어떤 색깔도 살아지게 할 뿐이다.
그러므로 빛의 마음으로 바라보라!
그러면 모든 색이 살아 있는 빛이 된다.

## 死완전휴식

완전휴식이란 개념은
움직임이
거의 제로에 가까운 죽음의 상태와 같다.
남자는
땅을 품고 엎드려 있는 모습이요.
여자는
하늘을 안고 누워있는 형상을 취한다.

사람은
넘어져 죽을 때
남자는
앞으로 넘어져 죽고
여자는
뒤로 넘어져 죽는 것이 자연의 이치다.

또한
물에 빠져 죽은 사람의 모습을 보면
남자는
물 위에 엎드려 죽어 있고
여자는
물 위에 바로 누워 있는 형상을 취한다.

이것은
음과 양의
성질차이가 있어서 그런 것이다.
그러므로
완전휴식이란
눕거나
엎드려서
죽은 모습을 취하여
중력 작용의 영향을 최소화하는 형태가 된다.

완전휴식 자세는
남자는
엎드려 누워
두 팔은 머리 쪽으로 뻗어 올렸다가 팔꿈치 부분을
아래로 살짝 당겨 놓고
목은
옆으로 돌려서
볼이 바닥에 닿게 한다좌우로 돌려봐서 불편한 쪽으로 돌린다.

여자는
바로 누워
두 팔을 머리 쪽으로 뻗어 올렸다가 팔꿈치 부분을
아래로 살짝 당겨 놓고 눈을 감는다.
자세를 5분 정도 유지하다
남녀의 자세를 바꾸어서 하도록 한다.

이 자세를 통해서
몸을
죽었을 때의 형상을 취하게 하고
전신을 이완시켜서 정신신경을 안정시키고
몸의
각 장부와 기관의 기능을 정상화시키게 된다.
또한
몸과 뇌의 사용자원을 최대치로 확보케 한다.

## 生 지혜명철

중력의 작용을 극복하고
인식능력의 극대화를 이루기 위해서
정좌상태로 앉아
다리와 엉덩이로는 땅을 누르고
상체는 힘을 빼게 하고
머리는 텅 비게 하여
마치
천 년된 용이 하늘로 승천하듯이
위로
솟아 오르듯한 자세로 앉는다.

'死'의 휴식상태는
땅이라는 지구에
몸을
바짝 붙이고
땅과
하나 되는 모습이었다면
'生'의 지혜명철은
땅인 지구를 박차고
푸른 하늘로
솟아오르는 모습인 것이다.
마치
인공위성이
발사대를 떠나 대기권에 진입하기 위해
날아오르는
모습과도 같은 것이다.

'生'이란
관찰대상을
지정하여
정신력을 한 곳에 집중하여
의식과 무의식을 뛰어넘어
초의식의 상태로
향상시켜 나아가는 과정을 통해서
인식능력의
극대화를 꾀하는 것이다.
곧 뇌의 사용자원을 100%로 활용하는 것을 말한다.

삶과 죽음은
손의 안팎과 같고
같은 경계지점을 가지고
존재하는 양면성이기 때문에
진정한 삶의 문은
완전한 죽음을
통해서만이
열리는 것이다.

그러므로
죽음의 의식상태에 대한 이해가 먼저 있어야 한다.
소위 '죽어야 산다.'라는 말이다.
불교의 '니르바나'는
죽음이면서 동시에 삶이다.
감각적 욕망이 완전히 비어져서
티 없이 맑고
밝은
완전히 깨어있는 의식상태인
깨달음으로 꽃피어 나는 것을 말한다.

# 발원

너와
나는
상호 전제 속에서
성립하는
'우리'라는 공동운명체이다.
그러므로
내 마음이
행복하기 위해서는
나를
에워싸고 있는
주변 역시 행복하지 않으면 안 된다.
종교적 목표는
최종적으로
나와 주변 모두의
구원과
행복으로
귀결되는 것이니
이것이 기도나 수행에 있어
큰 발원이
되어야 한다.

# 기도

지난 세월동안
생각으로
말로
몸으로 지은
모든 허물을
참회합니다.

님을 향한 마음의 끈
절대 놓치지 않고

님을 향한 시선
절대 흔들리지 않고

세상살이 모든 아픔
연료삼아 활활 태우면서
신들린 열정으로
님의 발자국 밟으며
따르겠습니다.

고통받는
인연들의 삶의 아픔을
흐르는 눈물방울 하나하나에 새기며
아침 햇살에 빛나는
잎 새 위의 물방울이
보석이 되도록
기도하겠습니다.

## 마음의 두 모습

마음이
색의 차원에서는
자기 욕망을
충족시키려는
생각과 감정으로 움직이고

공의 차원에서는
대중의 유익을
충족시기려는
지혜와 대자대비로 움직인다.

색과 공
모두
내 마음 속에서
움직이는
서로 다른 차원의 코드이다.

관세음보살
지장보살
옴 마니반메 훔
광명진언을 외우거나
이 뭐꼬 화두를 잡거나
이 모두는
색을 탐하여
움직이려는 마음의
낮은 작용을
하지 못하게 조치하는 것으로
공이
삶을 주도하게 하여
지혜와 대자대비에 따라 움직이게 한다.

색에 집착하는
욕망이
일어날 때
이를 방치하면
무상, 고, 무아의 흐름에 따르면서
희로애락의 기분에 빠져든다.

일체유심조화란
마음을
어떻게
사용하느냐에 따라
부처와 중생의
운명이
만들어져 간다는
가르침이다.

# 무소유

계곡을
흐르는
물
처
럼

산 위를
흐르는
구
름
처
럼

창공을
흐르는
바
람
처
럼

그렇게그렇게
지구 위를 흐르다
어느 날 안개처럼 사라져
살아 있는 모든 것의 고향인
무無의 심연深淵 속으로
돌아가리라!

## 모음의 버릇

우리 몸은
어머니 모태에서 280일 동안
탯줄을 통하여 어머니가 제공하는 영양물질과 산소를
'끌어 모아서'
사람형상을 하나 만들어 세상에 나온다.
그리고 죽을 때까지
모태 속에서 하던
버릇 그대로 '끌어 모으는' 노력을 계속하며
살다 죽는다.
결국 죽을 때에 가서야
한 평생 끌어 모으던
습관을 멈추고
몸을
짐 보따리
버리듯 하고 떠나게 된다.
어차피 죽을 때는
모든 것을 놓고 떠나야 하는데
왜 한 평생 모으는 데만 집착하며
탐욕부리고
성질부리고
어리석은 생각만 하고
사는 데만 시간을 다 써버리는지.

몸이란
'모음'의 줄인 말이고
'모음'은
동사로 바꾸면 '모으다'의 뜻이다.
세 살 버릇 여든 간다는 속담이 있지만
태아의 버릇이 평생을 가는 것이다.
모태에 있을 때처럼 세상에 나와서도
죽을 때까지 그 버릇대로 살아간다.

눈으로 보이는 대로 끌어 모으고
귀로 들리는 대로 끌어 모으고
코로 냄새 맡는 대로 끌어 모으고
입으로 들어오는 대로 끌어 모으고
손이나 발로 느끼는 대로 끌어 모으고
생각나는 대로 끌어 모으고
살아 나오면서
몸, 가슴, 머리는
그 모아진 것들로 인해
힘들어하고 병도 나고 고통을 당하며 살다 간다.

넘치도록 쌓여진 것들은
죽으면 어차피 다 놓고 가야하는데
살아있는 동안에 미리서 하나하나 비어내야
그만큼
내 몸이 가벼워지고
내 가슴이 편안해 지고
내 머리가 개운해 져서
행복한 인생을 살다가
마지막 가는 길 또한 가벼운 것이다.
몸의 끌어 모으는 성질 따라만 살지 말고
맘의 비워내는 성질 따라 살다 가보자.

# 동행

안개
햇살
바람
구름
노을
물
이 모든 것은 흐른다.

사랑하는
가족
친구
재물
권력
애정
이 모든 인연도 흘러간다.

내 몸을 드나드는
공기
음식물
그리고 그 무엇이든 일회성의 사건으로 흘러갈 뿐이다.
그러나 이를 경험하는 의식은 영원히 멈춰져 있다.

명상은
의식의 무한확장을 꾀하며
나의 영원성을 들어나게 하는 것이다.
건강, 평화, 행복이
거기에 있다.

# 연꽃

하늘을 향해
마음을 열고
공손히 두 손 모아
꼿꼿이 서 있는 모습은
천년을 산다는 학의 자태도
빛을 잃게 하고,

더러운 수렁에 발을 담고
서 있지만
더렵혀지지 않고
맑은 뜻 펼치어
하늘을 온 가슴으로
품었네!

당신을 바라보는 마음만으로도
항상 미소를 지을 수 있고
행복을 알게 하시니
감사와 찬미가
내 입가에서 떠나지 않네.

# 재생

나무는
짙은 단풍이 들면
약한 바람이나 가벼운 서리에도
잎을
땅에 떨쳐 내서
기름진 토양을 만들어 낼 뿐 아니라
장차
다가올 겨울이라는 엄동설한을
죽지 않고 살아나는
준비를 할 줄 안다.

그리고
다음해에
무성한 잎으로 자신을 펼쳐 낸다.
비움과
재생의
순리를 따르기 때문이다.

그러나
인간은
머지않아 숨이 떨어지는
죽음이
목전에 당도해도
욕심을
비어내지 못하고
마지막까지
두 손을 꽉 쥐고 펴지 못하며 산다.
다음으로 이어지는
재생의 순리에 무지한 탓이다.

그래서
인간은
한 그루 나무보다
철을 더 모르는
철부지 인생을 살며
다음으로 이어지는 생에 대한
아무런 준비도 없이
빚만 잔뜩 남긴 채
죽어간다.

# 천재

천재는
하나의
문제점에 대하여
아흔 아홉 번
궁리를 지속하는 사람이다.
하나의
문제가 주어지면
답을 찾을 때까지
열정을 가지고 쉬지 않고 매달린다.
마치
사자가
사냥감의 급소를 공격하여
숨통이
끊어질 때까지
물고 늘어지는 것과 같다.
깨달음을 이룬 천재들 또한
공부 주제에 대한
해답을 찾아
열정적인 지속이
가능하였기 때문이다.
그러므로
천재는
머리가 좋고 나쁘고 하고는 상관이 없다.
얼마만큼
문제의식을 가지고
집중을 지속할 수 있느냐
여부에 달려 있다.

# 고수

몸과 생각의 움직임이
많아지면
뇌의 사용자원이 줄어들게 되어 사고의 힘은 약해지게 된다.

몸과 맘의 움직임을 최소화하면서
그 움직임에
정신이 함께 하게 되면
인식능력이 최단시간에 극대화 되고
강력한 에너지를 순간적으로 사용할 수 있게 된다.

이것은
정신에너지와 신체에너지를 가장 효율적으로 사용하는 방법이며
마음을 행복하게 관리하는 방법이기도 하다.

또한
정신을 혼란스럽게 하는 잡다한 생각이나
마음을 힘들게 하는 스트레스나 상처 입은 감정들부터도 자유롭게 된다.

## 꼭 이유가 없어도 된다

인간은
태어나서 죽을 때까지
많은 이유에서
걷고
또
걷는다.
그 걸음 속에는
희로애락
흥망성쇠
행복과 불행을 담은
인생이라는 스토리가 있다.

수행자가 걷는 것은
이유 없이 그냥 걷는다.
뭔가를 이루기 위해
걷는 것이 아니라
길이
있기에
걷는 것이다.
물이
물길이 있어
흘러가듯이
그냥 흘러가는 것이다.
긴장 없는 휴식!
충만과 만족이 그곳에 있다.

그는
수없이 걸을 수 있으나
단,
한 발자국도
자기 자리(중심)를
벗어나지 않는다.
이름하여 '부처'이기 때문이다.

# 자 족

작은 것에
만족할 줄 아는
맨발의 여행자가 되어
지구라는
별 위를
산책하며
걷는다.

상대에게
눈 부라리며
경계하거나
시기하거나
헐뜯거나
할 필요가
없다.

인간을
어리석게 하는
편 가르는 지식 따위를
추구함은
더 이상 관심사가
아니라네.

## 마음을 내려놓는다는 것

화나고
외롭고
힘들고
하는 기분이 일어나면
가만히
바라만 보며
기다리라.
이 때
일어난 기분에
자기 생각이나
다른 기분을 포함시키면
일어난 기분에
영양제를 주입한 것처럼
더욱
기승을 부리게 된다.

사람은
화가 치밀면
큰 목소리로 말하기 시작한다.
이에 자극받은 사람도 같은 톤으로 말하기 시작한다.
그래서 큰 싸움으로 번지게 된다.
이때
나지막한 목소리로
차분하게 대응하면
언쟁은 싱겁게 끝나고 만다.
고삐 풀린 망아지를 잡으려고
달려들면
더욱 미쳐 날뛰듯이 된다.

일어난 기분을
지켜보고 있으면
스스로 사라진다.
일체현상이
끊임없이 변화하는 성질 때문에 그렇다.
일어난 기분은 반드시 살아진다.

그런데
일어난 기분이
사라지기 전에
나의
생각과 감정이라는
영양제를 주입하면 고통으로 진행된다.
그 결과
크나큰 상실감에 더욱더 힘들어 하게 된다.

일체현상은
'무상'하게 바뀌므로
쫓아가면 고통을 겪는다.
그 고통의 결과는 크나큰 상실감을 갖고 살게 된다.
일어난
기분으로부터
도망치려거나
억제하려고 하지 말고
그냥
지켜보면 살아지게 된다.

# 살아가는 것 곧 살아지는 것

세상에
태어난 순간부터 삶은 시작이다.
삶이란
'살아가는 것'이요
'살아져 가는 것'을 의미한다.
죽어
무거운 바위가
되려고 작정한 것처럼
고집스럽게 심술부리며
자기
생각과 감정 속에
함몰된 채로 눈감과 귀 막고 살다 가지는 말자.

천만 년 살려는 듯
집착치 말고
하루하루가
살아져 가는 것임을 알고
욕심 부리지 말고
화내지 말고
이기적인 생각 말고
빈 마음으로
자기와 함께 살아져 가는 모든 인연들을
불쌍히 여겨
챙기면서
관세음보살처럼, 지장보살처럼
축복을
베풀며 함께 살아가자.
그리하여
죽더라도
아침에는
햇살에 빛나는 꽃잎 위의 이슬이 되고
밤이면
어둠속에 반짝이는 별이 되어
함께
영원을 노래하며
부처님을 찬탄하는 노래를 부르기로 하자.

# 사랑

살아 있다는 뜻이
사랑이요
사랑의 준말이 삶이다.
살아 숨 쉬는 것만으로도
사랑 속에
살아 있으니 기뻐할 일이다.

살아 있는 생명체는
사랑으로 태어나서
사랑하고 살다
그 마지막에는
보다
근원적인 존재와
사랑으로
합일하기 위하여
장엄한 죽음의식을 거치는 것이다.

그 의미를 모르고
살다
죽어가니
고통스런 것이다.
그 마지막에 치르는 장엄한 의식을
살아 있는 젊은 날
깨달을 수 만 있다면
신의
크나큰 축복을 받은
행복한 사람일 것이다.

# 공덕

주시로써
움직임이 없는
움직임의 중심에
이르는 것이
공功이요.

마음이
안 밖의 간섭으로부터 벗어나
맑고 밝은 본성이 터져 나오는 것이
덕德인 것이다.

이것이
문자를
세우지 않고
언어를
끊는 길이며

곧바로
마음의 본질을
알아차려
부처가 되는 길로
들어가는 것이다.

# 다시 태어남

여름 인삼은 쓰고
겨울 인삼이 단 것은
겨울엔 영양물질을 뿌리에 모으기 때문이다.
그래서
모든 생명체는 겨울이 되면
그 정기신이 뿌리로 돌아간다.
그럼 점에서
본래자기로 돌아가는 수행은
겨울이 적합하다.

인간은
자궁 속에 있을 때는
머리를 아래로 두고 서 있는
하나의 식물과 같은 존재였다.
태아는
모친과 일체감속에 있다가
출생과 함께 분리되면서
현실의 고통 속에 떨어지게 된다.

수행이란
현실의 고통 속에 있는 나를 떠나
본래 문제없음의 상태로 돌이키는 과정이다.

살다 살다가
고통스런 시기가 찾아오면
자기의 근본으로 다시 돌아가서 '거듭남'의 과정을 경험하라!

# 뇌의 웃음

보다 많은 것을 쥐려고
탐욕을 부리고
자기 맘대로 안 된다고
화를 내며
지속적인 스트레스에 노출된 생활은
뇌의 긴장상태가 이어지다
서서히 굳어져간다.

명상을 하게 되면
몸의 움직임을 제로상태에 놓아
휴식케 한다.
에너지 소비를 차단하면서
보유한 에너지를
명상의 대상에
쏟아 부으며
의식을 각성상태로 유지케 함으로
뇌기능의 활성화가
최고조에 이르게 한다.

움직임이 습관적으로 진행되면
각성이 없고
단지 지루함만 따르지만
주시라는
바라보는 상태가
지속되는 속에서는
뇌가 깨어나고
맑고 향기로운 마음이 된다.

# 삶은 긴 봄 꿈

나는 너로서 나 되고
너는 나로서 너 되고
알고 보면 너와 나는 우리인 하나인 것인데
이 사실을
모르고
서로
내 것 네 것 구분하면서 더 차지하겠다고
넌 작게 가져야 한다고
경계하며
살아 왔으니
이 얼마나 웃을 일입니까?
공동소유로
등기되어 있는 것을
모르고
자기 땅으로 만들겠다고 으르렁 거리는 격이니
이를 알고 있는 사람이 본다면
웃을 일이다.

깨어있는 사람들은
긴장에서 벗어나 이완되어 있고
마음이
전체적으로 오픈되어 있다.
그가 언제나 웃을 수 있는 것은
규격화된 틀에서 벗어나서
자유롭게 사고하고 행동할 수 있기 때문이다.

# 바로 나야 나

부처님이 한 손에 드신 연꽃이 아니라도
빛
물
허공
산
바다
부모
남편
아내
자식
관세음보살, 지장보살
잘난 사람, 못난 사람
바람, 별, 구름, 꽃, 낙엽, 비, 구름, 이슬 등을
통해서도
웃음 지을 수 있다.
그것
하나하나가
나
아닌 것이
없음으로.

# 3초의 수행

사람을 쳐다 볼 때
3초 이상
상대에게
시선이 머물지 않음은
실례를 범할 수 있기 때문이다.

친밀하지 않는 사람이
3초 이상 자기를 바라보면
'뭐야, 왜 날 쳐다보지!'
'왜, 날 쏘아봐! 기분 나쁘게!'
'저 사람이 나에게 관심이 있나!'하는 등의 느낌을 갖게 된다.

사람이나
사물을
바라볼 때
3초를 넘어서면
상대의 내면으로 자기의 에너지가 흘러든다.
무엇이든
3초 이상 바라보면 수행이 시작되는 것이다.

그 대상이
부처님이든
시야에 들어온 어떤 모습이든
귀에 들리는 새소리든
코에 드나드는 바람이든
입에 들어온 한 모금의 물이든
몸에 접촉된 어떤 느낌이든
어떤 생각이든
모두가 3초 넘게 바라보면
참 나
곧
상대가 나라는 것을 확인시켜주는 수행이 된다.
이러한 연습에 길들여지면
그때는 1초라는
한
순간이면
족하게 된다.

# 대나무 꽃

속을
비우고
또
비우는 가운데
지어진 매듭은
하늘로 향하는
제천祭天의 계단이 되고

속을 비어내는
그 정성심에
마침내
푸른 하늘 33천 문이 활짝 열린다.

백년 만에 핀다는 신비 속엔
법왕궁이 펼쳐져 있고
장삼자락 휘날리는 보살이
공손히 두 손 모와 웃음 지으며
하늘
궁전으로
들라고
손
짓
하
네
!

# 연비

으악!
뜨거운 향불이
팔에 닿을 때
일체의 잡념은
사라지고
오직
뜨거움만이 . . .

마침내
열정적인
구도의 불길은
온 몸을
태어 없애고
한 줌의
재가 된 마음은
붉은
가사에 쌓여
바람 따라
물결 따라
흘
러
가
는
구
나
!

# 열반의 불꽃

대자대비한 축복의 불이
활활 타오른다.
부질없는
망상의 울타리를 태우고
우물 안
인연의 고리를 녹이며
천상천하에
편재한
본래의 순수함으로
돌아가는 초월의식을 치른다.

뿌리가 잘려
조각난 나무가
길동무 되어
불 수레를 타고
영원으로 향하니
이 또한 인연아니리!

무상함도
고통도
실체 없음도
허공에 메아리일 뿐이구나!

# 바라만 봐도 행복한 것을

부처님의 말씀은
지혜로운 마음의
이야기로써
마음이
텅 빈 소식이며
침묵의 말씀이며
인간 양심의 소리이기도 하다.

자기를
지속적으로
바라보면
마음 깊숙한 곳에서 울려오는
침묵의 소리
곧
세상에 때 묻지 않는 깨끗한 자기소리를 들을 수 있다.

자기를
바라보는
마음공부는
'자기 발견'과 '양심 발견'을 하는 길로써
'바라만 봐도 행복한 자기'를 드러나게 한다.
현실적으로는
어질고
예의바르고
신뢰감가고
의리있고
지혜로운 사람으로 칭송되며
이웃과
기쁨과 슬픔을 함께 나누며 사는 보살의 삶을 살아간다.

평소에 주변으로부터
양심이 없는 사람이란 평을 듣고 사는 사람은 과욕과
이기심과
어리석음으로 인하여
자기 소리를
듣지 못하고
자기를 잃어버리고 산다.
이렇게 불량한 사람은
봉사활동을
헛된 짓
법과 질서를 자기 편리대로 해석하고
양보를
바보 같은 짓
바르게 사는 것도
의미 없는 짓
욕망 따라 즐기다 죽으면 그만이라고 생각하며
자기 생각의
틀 속에 갇혀서
이웃과 불통하며
자기만의 우월감속에 사로잡혀
살다 죽는다.

# 그냥 바라만 보세요

'그곳에 에너지가 넘치는 건강이 있고
고요하고 깨끗한 평화가 있고
밝고 충만한 기쁨이 있습니다.'

중도적 관점선입관 없이 대상만 주시으로
몸의
움직임을 바라보고
보이는 모습
들리는 소리
생각되어지는 것 또한 '그냥 바라만'보라.
단지 바라만 봐도
몸
정신
마음을
전혀 다른 차원으로 옮겨 놓는다.
바라봄 속에서는
당신이 바로 태양 자체가 된다.
이것은 우주의 신비이며
신이 자신을 드러내는
비밀한 길이다.

# 육바라밀

붉고 뜨거운 활화산이 터져 나오듯
따뜻한 햇살에 싹이 트고 형형색색의 꽃망울이 터져 나오듯
깊은 땅속에서 샘물이 터져 나오듯
바라보고
바라보고
또 바라보고
바라보았다는 마음마저 바라보는 가운데
영겁의 세월동안
어둠속에 묻혀
깊은 잠을 자던 내 양심의
씨앗은
자비의 빛을 뿜으며 터져 나온다.

보고, 듣고, 숨쉬고, 맛보고, 느끼고, 생각하는 가운데
보시가 터져 나오고
지계가 터져 나오고
인욕이 터져 나오고
정진이 터져 나오고
선정이 터져 나오고
지혜가 터져 나오니

바로 이 순간, 바로 여기에
'참나'로
살아 있다.

# 명상은 가장 지혜로운 놀이

눈, 귀, 코, 입, 몸, 생각으로 접수되는
모든 현상을 쫓아가는 것은
고통으로 이어진다는
사실을 알아차리는 순간
그것은 실체가 없음을 알게 되고
쾌락을 쫓는 움직임을 멈추게 된다.
그것은 고통을 멀리하고
안락을 누리려는
인간 심리를
근원적으로 통찰하는 지혜의 발현이다.

사람들은 수행을 통해서
고매한 인품을 가추고
맑고 향기로운 모습을 갖길 원하지만
수행은 곧 고행이라는 생각에
쉽게 마음을 내지 못하는 경향이 있다.

수행이 즐거움을 느끼게 해 준다면
누구나 쉽게 실천할 수 있게 될 것이다.
사실 수행은
영원한 즐거움과 자존감, 행복감을 주는 것인데도
사람들은 고통스런 행위로
오해를 하고 있다.

많은 사람들은
자신이 의지하고
힘이 되는 것이라면
사회적으로 장려하거나 비난의 대상이 되거나
쫓는 경향이 있다.
청소년들의 비행이나 어른들의 주색잡기도 그러하다.
이것은 일종의 장난감을 즐기는
놀이심리와 다를 것이 없다.

사회는 이를 비난하고
강제적인 수단을 동원하여
통제하려고 하지만 그렇다고 없어지는 것은 아니다.
지금 놀이보다 더 나은 놀이꺼리를
제공해주지 못하기 때문에
즐거움을 제공해주는 놀이에서
손을 떼기가 어려운 것이다.

수행은
가장 작은 것을 투자하여
가장 큰 기쁨을 누릴 수 있게 하는
최고로 진화된 지혜의 왕자들이 만들어 낸
가장 즐겁고 행복한 놀이이다.
이 지혜로운 놀이인
명상수련을 통해서
인간은 탐욕의 마음을 비어내서
고통을 멀리하고
항상 맑고 즐거움 가운데 머물 수가 있는 것이다.

# 공화空花

빛을 머금어
색으로 토해내는 아름다운 꽃들,
생명의 신비를
침묵 속에 고스란히 담아 놨네!
그러나 피고 지는 순간의 아름다움을
노래하는 인간의 마음은
더욱 신비롭다.

잠시 피었다
이윽고 떨어지는
그 짧은 시간을 통해서
열반의 신비로움이
꽃의 아름다움으로
잠깐 동안 모습을 드러냈다가
사라진다.

텅 빈 공의 깊음 속에서
한 순간 피었다 지는
그 모습은
열반과 삶과 죽음이
걸림 없이 어울려 있는
조화로운 한 마당임을
보여 준다.
그러므로 보이고 들리는 이 밖에서
참 나를
찾지 말라.

## 나의 그림자인 내 몸

온갖 것을 생각하느라 머리 아팠을
온갖 것을 보느라 눈 아팠을
온갖 것을 듣느라 귀 아팠을
온갖 것을 먹고 마시고 말하느라 입 아팠을
그리고
어깨 아팠을
가슴 아팠을
배 아팠을
등 아팠을
엉덩이 아팠을
무릎 아팠을
다리 아팠을
팔 아팠을
위 아팠을
간 아팠을
장 아팠을
내 몸에게
미안한 마음, 감사의 마음을 가져 본다.
오늘부터라도 내 몸이 나에게
미안하고
감사하는 마음을 갖도록 챙겨보자.

## 만족을 아는 자

햇빛의 열정에
대지는
생기를 토하고
씨앗은
싹을 토하고
나무는
잎을 토하고
꽃 몽우리는
꽃을 토하고
살아 있는 생명체는
생기를 토하며 살아난다.

달빛의 은은함이
대지를 다독거리듯 비추이면
땅에
살아 숨 쉬는 모든 생명들은
외부의 관심을 끊고
깊은 휴식에 든다.
그리고
피로를 풀어내고
생기를 품고
존재의 근원 속으로
살아진다.

중생은
눈을 떠서
세상을 비추이며
온갖 것을
보고
판단하고
좋아하기도
싫어하기도
취하기도
멀리하기도
웃기도
울기도 하면서 사연을 만들어간다.

반야심경을 노래하는 '보살'은
어두운 무명의
'마음하늘'에 관조의 달빛을 은은히 비추어서
억겁에 찌든
번뇌의 티끌
하나하나 까지도
연꽃의 향기가 피어오르게 한다.
만족을 모르는
탐욕으로
배고픔에 찌들은 가난뱅이 마음은
어느덧
스스로 만족을 아는 자가 되어
한가롭게
자기 앞에 열려있는 길을 산책하듯 걸어간다.

## 보살

눈보라가 휘몰아치는 겨울
살아남기 위해서
나무의
움츠림이 나이테를 만들고
지루한 기다림 끝에
나무는
봄 햇살을 만나
기지개를 켜며 꽃망울을 터뜨린다.

수행도
생각과 감정을 내려놓는
보시의 실천 속에
번뇌와 혼침에 휘말리지 않기 위해
지계의 동아줄을 꽉 잡고
거부감
증오심
감각적 욕망
어리석음에 휘말리지 않고
꿋꿋이 인욕하며
한길로 정진해 나가다보면
마음의 흔들림이 없어지고
맑고 향기로운 연꽃같은 자비심이 꽃망울을 터트리며
다섯 가지 덕으로 나타난다.

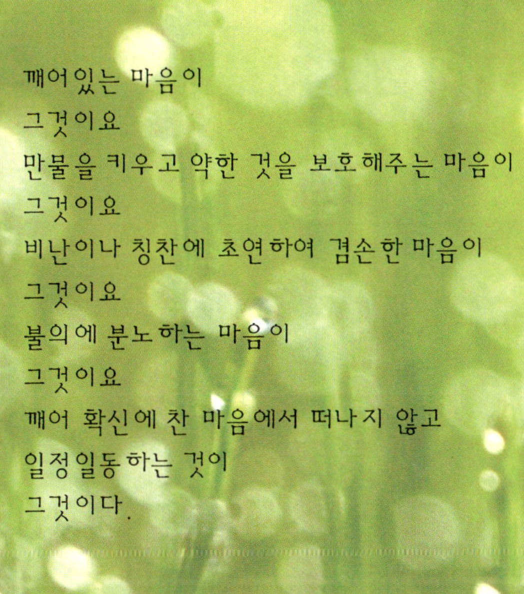

깨어있는 마음이
그것이요
만물을 키우고 약한 것을 보호해주는 마음이
그것이요
비난이나 칭찬에 초연하여 겸손한 마음이
그것이요
불의에 분노하는 마음이
그것이요
깨어 확신에 찬 마음에서 떠나지 않고
일정일동 하는 것이
그것이다.

## 꽃을 들고 바라보듯

연꽃 한 송이 들어 보이시며
살며시 웃음 지으시니
활짝 피어난 연꽃의 신비로움이여!
살아 있는 모든 생명은
관심의 빛을 먹고 살아간다.
한 개의 성냥개비도
100일 동안 관심을 받으면 정기가 서린다.

매일 사용하는
밥 그릇, 국 그릇 하나도
신는 신발도
입고 벗는 옷들도
타고 다니는 차도
함께 사는 가족도
거실 한 켠에 놓여 있는 화초도
함께 하는 반려견도
그리고 죽을 때까지 함께 할
눈, 귀, 코, 입, 손가락, 발가락, 마음도
관심어린 눈빛을 먹고 산다.
건강과 평화, 행복이 그 속에 있다.

꽃향기 가득한
한 송이 꽃을 손에 들고 바라보듯
하루하루를
그렇게 살아보자.

# 꽃향기 그윽한 참 나를 찾아서

태양이 떠오르면
꽃은 꽃잎을 펼쳐 향기를 터트리다가
태양이 서산에 기울면
펼쳤던 꽃잎을 접고 향기를 품안에 머금는다.

인간은
하나의 꽃처럼 피어나서
늙고 병들어 결국은 다시 필 수 없는 죽음을 맞이하지만
부처님이
터트린 꽃향기는 영원히 퍼진다.

우리는 각자
가족에게
동료에게
이웃에게
그리고 절에 가서
부처님 앞에 설 때
어떠한 향기를 터트리고 있는지
과연 다른 사람을 마주할 때 향기가 있는지
자기를 살펴볼 일이다.

맑고 향기로운 꽃향기 그윽한
삶의 비결은
자기를 우선으로 챙기는 이기심을 버리고
육바라밀을 실천하는데 있다.

# 꽃향기 되어 님을 찾으리

꽃은 피어날 때
피어있을 때 뿐 아니라
떨어지는 순간까지도 아름답다.
우리 인생도
꽃처럼
처음과 그 마지막이 아름답길 소망해본다.

내 사는 동안
생각을 비우고 비어
바람결에 떨어지는 꽃잎 마음이 되거들랑
내 마지막 가는 길목에
우담바라 꽃비가 하늘에서 가득히 휘날리리.

그 때에
님께서
당초의 약속 잊지 않으시고
벌 나비 꽃향기 찾아오듯
날 영접하러
오시리라.
나
무
아
미
타
불
!

# 운주사 돌부처

누워 있던 무거운 돌이 부처님이 되어
꽃을 들고 우리 앞에 걸어오시는 4월!

하늘의 별이나
땅의 꽃이나
바다의 고기나
모든 사람들이
차별 없이 평등하고
행복한 부처님들로서
대우받아야 할 존귀한 존재라는 사실을 알리기 위해 오셨다.

탐욕의 마음 비우고
화내는 마음 비우고
어리석은 마음 비우고
살아 숨 쉬는 모든 생명들을 다시금 둘러보자
그리고 그들이 세상 속에서 힘겹게 살아가는 돌부처님이란 사실을 알아차리자

천천만만의 맑고 향기로운 꽃이 되어
자기와 인연된 '부처님'들의 행복을 위해
꽃으로 다가가서
가슴에 맺힌 아픈 상처들을
꽃향기로 위로하며 어루만져 주자.
억겁을 짓누르고 있는 업장을 풀어
허공에 날려 보내고
각자 아름다운 꽃들이
활짝 피어날 수 있도록 해주자.

# 용서

자기를 이기는 자가
세상을 이길 수 있다.
그럼 자기를 이기는 길은 무엇일까?
자기를 용서하는 것이다.
그러기 위해선
허물을 짓기 전
깨끗한 마음으로
돌아가
떳떳함을
회복해야 한다.

백번 허물을 고백하고 반성해도
생각에 머물러 있으면 안 된다.
수행을 통해
허물의 실체를 깨트리고
마음이 맑고 밝아지면
허물은
바람에 흩어지는
안개처럼 사라진다.
이것이 진정한 참회요
용서이다.

# 푸른 꿈

푸른 하늘처럼 살고 싶다.
푸른 바다처럼 살고 싶다.
푸른 숲처럼 살고 싶다.
새들이 자유롭게 날고
물고기가 뛰놀며
산새들이 소근 거리는
그런 평화롭고 행복한 세상에 살면서
세상을 마냥 푸른 눈으로 바라볼 수 있었으면
좋
겠
다
.

그래서
이 세상을 탐하며
화내고
어리석어진
마음을 내려놓고
푸른 마음으로
모든 이를 바라 볼 수 있었으면
좋
겠
다
.

# 나는 나로 있어야 한다

나의 빈 마음 가운데 상대를 끌어드려서
그의 모습이
그의 말이
그의 느낌이
그의 생각이
자신의 마음을 휘젓게 허용치 마라!
왜 나의 평온한 마음을 상대에게 내어주어
시장 통처럼 시끄럽게 만들고
쓰레기 봉지마냥 악취 나게 만드는가?
절대로 자기 마음 안에 상대를 머물게 하여
자신을 불행하게 마라!

자기는 이 세상 그 무엇과도 비교될 수 없는
존엄한 존재임으로
자존심을 지키고 홀로 당당해져라!
마음속에 상대를 끌어들여서
휘둘림을 당함이 지속될수록
자기 것이 되지 못할 상대의 것들은
부패하여 악취를 풍기고 자기를 썩게 만드니
빨리 밖으로 내 보내야 한다.

남이 가지고 있는
63층 빌딩도 60평대 아파트도
수 십 만평의 땅덩어리도
최고급 승용차도
가문도
학벌도
배우자나 자식도
미모와 몸매도
내 마음속에 머무는 시간이 오래 될수록
자기를
병들게 할 뿐이다.

혼자 있으나
둘이 있으나
자기 마음이 비어있어
깨끗함과 밝음을 지킬 수 있다면
비로소 상대방의
말이
내 마음에 들어오고
모습이
내 마음에 들어오고
느낌이
내 마음에 들어오고
생각이
내 마음에 들어오는 것을 허용해도 걸릴 것이 없다.
그러므로 행복한 인생길이 되려거든
자신을
남과
비교하는
버릇을 버려야 한다.

## 자기를 바로 알자

인간은
자기에 대한
무관심으로 말미암아
수많은 허물을 짓고 산다.
사실 인간은
자기에 대한 이해가 너무 부족하다.
아니 아예 무지하다고 해야 할 것이다.
그래서
'나는 내 자신이 무지하다는 사실을 안다'는
고백들이 필요하다.

인간은
소유가 증대될수록
불만은 해소되지 않고
더욱 더 굶주림이 증대되어 간다는 것은
수수께끼가 아닐 수 없다.
그 이유는
소유에 대한 집착심이
자기라는 에고의 무게를 증대시키기 때문이다.
소유할 것이 없다는
참 나에 대한
무소유한 인식이야말로
자족감을 갖게 하고 행복하게 하는 것이다.

인간이 갖는
꿈은
자기를 움직이게 하는 동력은 될 수 있지만
그만큼 자기를 부정하게 만든다.
삶에 대한
절대 긍정모드로의 전환은
자기의 분수가
제로지점에
서 있을 때
완벽하게 가능하며
그것은 자기에 대한 관심
즉,
바라보는 것으로 가능하게 된다.

## 겸손

자기가 작아질수록 행복의 문이 열리고
자기가 커질수록 불행의 문이 열린다.

끝없이 펼쳐진 하늘을 바라보듯
끝없이 펼쳐진 바다를 바라보듯
끝없이 펼쳐진 산을 바라보듯
끝없이 자비로운 부처님을 바라보듯
끝없이 펼쳐진 내 마음을 바라보는 속에는
자기는 사라지고 없다.

그 '끝없음' 속에서는
자기는 한없이 작아지고 이내 사라지니
그 속에는 자유로움과 축복만이 남는다.
자기가 커질수록
상대는 작아지다 이내 커진 내 마음속 굶주린 마음은
어리석음과
탐욕스러움과
신경질로 가득 채워진다.

자기가
부처님 손가락 하나보다
더 작은 존재라는 겸손한 마음을 가질 때
비로소 행복한 인생 문이 열리게 된다.

# 객에서 주인으로

인간은
항상 새로운 맛에 길들여져 왔다.
그러나 새로운 것을 손에 거머쥔 순간부터 지겨움은 시작되고
얼마 안가서 그것으로부터 도망치려고 발버둥 친다.

마음의 중심점을 잃어버려
한곳에 정착하지 못하고
나그네처럼 변두리를 떠도는 심리는
자기만족을 모르고 마음에 갈증을 일으켜
불행하다는 마음을 만든다.
그것은 세상의 주인으로써 본분을 망각하고
세상을 떠도는 객이 된 마음이다.

흐르는 물이 되지 말고
물을
흘려보내는 강처럼,
흘러가는 구름이 되지 말고
구름을
흘려보내는 허공처럼,
봄여름가을겨울로 흐르지 말고
변화를
허용하는 자연처럼,
보고, 듣고, 숨쉬고, 맛보고, 느끼고, 생각되어지는 것을
붙들지 말고
그냥 바라보는 마음으로
그렇게 자유롭고 자연스럽게 살아보자.

# 비움

거울에
먼지가 묻어 있으면 사물이 흐리게 보인다.
설사 금가루라 하드래도 거울의 비추이는 기능을
흐리게 할 뿐이다.

물과 하늘은
색깔이 없어 속이 환히 보이는 것처럼
사람의 마음도
아무 색깔 없이 속히 텅 비어 있어야
일체사물을 거울처럼 비추이는 지혜의 빛이 뿜어져 나온다.

지식과 재물은
끌어 모으는 몸의 본질 따라서
땅처럼 쌓여서 집착을 낳고
지혜와 자비심은
비어있는 마음의 본질 따라서
하늘처럼 비어져 자유로움을 준다.

보살은
모이고 흩어지는
땅과 하늘의 가르침을 이해하고
하늘같이
자기를 비어내어
일체중생의 부족함을 채워주며
때와 장소를 따라 인연에 순응하는 삶을 살아간다.

## 비운 자에겐 태산도 작다

속이 비어 있는 상태에서 음식을 먹을 때엔
뭘 먹어도 맛이 있지만
속이 꽉 찬 상태에서는
호화진미를 보아도 입맛이 당기지 않는다.

마음이 비어진 상태에서
꽃을 보고
별을 보고
바다를 보고
낙엽을 보면 하나하나가 신비롭고 감동스럽다.
그래서 행복은 마음을 비운 자에게 주어지는
선물과 같은 것이다.

비어진 마음이란
아침햇살에 빛나는 잎 새 위의 물방울같이
아무런 색깔이 없어
물방울을 그대로 햇빛이 통과하는 해맑은 상태와 같다.
세상에 갓 태어난 갓난아기의 눈방울이 이와 같다.

세상에 물들지 않는 갓난아기의 눈에 들어오는
하나하나 세상 모습들은
흥분 그 자체이다.
아기는 손짓 발짓을 하며 천진스럽게 웃는다.
그러나 세상에 물든 어른은
흥분과
웃음이
잘 일어나질 않는다.

똑 같은 것을 봐도
마음을
비운 자는 순수하여
작은 하나가 전체적으로 들어오고
큰 의미를 가지고 바라보나
마음이
꽉 막힌 자는
전체를 봐도 하찮은 작은 하나일 뿐이며
큰 의미 부여를 하지 않고
지나쳐 버린다.

비운자의 마음에는
작은 먼지
하나도
클로즈업 시켜서 크게 들어오게 된다.
그는
작은 것이
전체와 같은 가치라는 비밀을
알아차리게 된다.
소욕지족少慾知足이란
가장 작은 것으로도
가장 큰 것의 의미를 아는
삶을 극대화시키는 방식이면서
이웃과 그 의미를
함께 나누며 사는
가장 향기롭고 덕망 있는 인간을 만들어 준다.

몸을 비우면
음식물을 받아드릴 수 있고
맘을 비우면
모든 것을 수용할 수 있고
생각을 비우면
일체를 아는 지혜의 거울이 드러난다.

비움의 도리는
마치 허공과 같아서
지상에서 가장 높고 큰 히말리야 산이라 뽐내도
그냥 바라보며 웃음 지을 뿐이다.

## 살아 있음으로

하늘은
비어 있어 모든 걸 덮어주고
바다는
흐르고 있어 모든 걸 씻어주고
산은
멈춰있어 모든 걸 앉아 준다.

그래서 하늘과 바다와 산은
휴식과
치유와
자존감이
자연스럽게 이루어지는 곳이다.
그곳은 전체적으로 긍정의 에너지가 충만하여
다가오는 그 무엇도
부정하며
밀어내지 않는다.

성별, 집안, 학벌, 직업, 배우자, 자식, 재산, 종교,
건강, 지역, 신념, 철학, 사상을
묻지도 따지지도 않고
살아 있음이나 죽어 살아짐이나
구분하지 않고
무조건적인 수용이다.

이 순간의
자기의 모습
그대로 바라보며
수용해주니
경계하며 긴장할 필요 없이
스트레스를 털어내며 쉬면된다.

부처님은 우리를
하늘보다 더 높고
바다보다 더 깊고
산보다 더 큰 가슴으로 품어서
위로와 격려와 용기와 희망을 주신다.

상처입고
병들고
발가벗은
모습으로 다가가도
어떤 차별도 없이
수용해 주시며
어느 하늘 아래
어느 바다 곁에
어느 산 주변에
살아 숨 쉬는 그 자체만으로도
사랑받고 축복받을 자격이 있다고 강조하신다.

마음수행이란
하늘과 바다와 산 같은
부처님의 마음을 찾아가는 여행이다.

## 기도의 빛

울려거든
하늘 끝까지
울음소리가 울리도록
울어야 한다.
진정한 울음은
하늘 끝까지
그 마음의 파장이 전달되어
감응을 일으킨다.

어지러운 생각과 감정의 먹구름을
흩어버리고
새로운 자기로 태어나기 위해
쏟아내는
눈물은
맑고도 향기롭다.

흐르는 눈물
한 방울은
자기의 모든 것을 담고 있다.
수많은 생각의 파편과
아픈 감정의 덩어리들이 녹아있다.

폭포처럼 쏟아져 내리는
참회의 눈물 속에서
천둥치듯 통곡의 소리에
수많은
생각의 파편과 감정의 덩어리들이
벼락 맞은 듯 죽어 살아진다.
그리고
눈물이 아닌 생명과 자비의 빛줄기가
쏟아져 내리게 되는 순간을 맞이한다.
눈물 속에 '울던 자기'가
빛 속에서 '웃는 자기'로
거듭나는
축복의 길이 열리는 것이다.

## 나를 행복하게

몸을
무리하게 사용하면
건강이 무너진다.
생각을
무리하게 하면
정신이 어지러워진다.
감정에
무리한 상처를 주면
마음이 괴로워진다.

기도와 명상을 하는 이유는
고갈된 에너지를 재충전하고,
생각을 정리하고,
마음을 편케 하는 것이다.
마치 빗방울이 연꽃 잎 위에 떨어지면
빗방울을 연 잎 아래로 떨쳐내 버리듯이,
털 개로 먼지를 털어내 버리듯이,
햇빛이 눈발을 녹여 버리듯이,
밥을 먹고 영양분은 흡수하고
찌꺼기는 똥으로 내 버리듯이.

건강하고
편안하고
행복한 삶을 살려고 하면
평소에
기도와 명상을 생활화해야 한다.
자기 몸과
생각을
잘 관리하는
전문가 정신을 가진 자만이
행복한 인생을 살다 갈 수 있다.

사람은
감당할 수 없을 정도의 고통이 주어지면
그 고통에서 벗어나고자
목숨을 놔버리고 싶은 충동이 일어난다.
그러나 그것은 자신을 더욱던 고통 속에
빠트리는 업보를 만드는 것이다.

'자기를 놔 버리는' 정상적인 방법은 바로 명상이다.
명상을 통해서
세상의 모든 것을
놔버리고
있는 그대로
바라보는
자유로운 자기로 태어날 수 있다.

## 위대한 침묵

하늘과 땅
인간의 시작은
어둠으로부터 출발이다.
신은
'깊은 어둠속'에서부터 창조를 시작하셨고
우주변화를 논하는 역은
무극無極인 태극太極을
출발점으로 삼았다.

식물은
어두운 땅속에 뿌리를 두고 시작하고
동물이나 인간은
어두운 자궁에서부터 시작한다.
일 년의 시작도
일 년 중 가장 어두운 동지로부터 시작하고
하루의 시작도
하루 중 가장 어두운 자시로부터 시작하는데
이 모두 보이지 않는
무無의 침묵沈默에서 비롯된다.
그래서
역사는 한 밤 중에 이루어진다는 말이 맞다.

그래서 수많은 수행자들이
최종적으로 마음을 깨닫게 될 때에 등장하는
자연물 중에
어둠 속에서 빛나는
별이나 달이
등장하는 이유가 있는 것이다.
무명無明의 하늘은
일체존재의 원천인 것이다.
깨어서
무명의 원천으로
돌아감이
존재의 완성이다.

# 벗어남

살아가다 보면
누구나 간절히 두 손 모을 때가 있다.
그 때,
한 치 앞도 못 보는
어리석은 자신을 믿고
'내 뜻대로' 되길 고집하지 말고
지혜로운 '부처님의 뜻대로' 되어 지길 원하며
자기 생각을
내려놔 보라.

세상사는
'생각의 힘'으로 되어지는 것도 있지만
'생각 아닌 힘'으로 되어지는 것도 있다.
색이 색을 만들어내는 법이 아닌
공이 색을 변화 시키는 법이 그것이다.
$E = mc^2$ 은 현대과학이 말하는 에너지 공식이다.
그러나
빛 보다 더 빠른 마음이 작용하면
초 과학의 세계로 들어가게 된다.
생각과
기분을
내려놓음으로써만이 가능하다.

이를 경전에서는 '마하반야바라밀다'라고 한다.
이 시그널주문은
신비하고
밝고
최상의 파장으로써
일체의 고통을 없애는
가장 순수하고 성스러운 것이다.
중생은
현상계가 움직이는 시스템 속에서
생각의 힘으로
'만들어지는 중생의 삶'을 살고 있는데
'마하반야바라밀다'의 시그널주문을 사용하면
'되어지는 보살의 삶'으로 변화가 일어난다.
즉, 걸림 없는 자유로움이다.

# 비가 내린다

비가 종일 내린다.
하늘은
먹구름을 비워 내서
맑고 밝아지고
땅은
촉촉이 적셔져 윤기를 뿜어내니
하늘과 땅 사이에 생기가 넘쳐 난다.

하늘과 땅이
생각을 나누며
서로 감싸 안아주는 모습을 보니
보는 이의 마음도 덩달아 즐겁기만 하다.

자연이
비 내림을 통해서
비우고
내려놓으면
하늘처럼
밝은 햇살이 비추이고
땅처럼
풍성한 결실이 가득 차게 된다는
참 뜻과 공덕을 일깨워 주는 감사한 날이다.

하늘 한 번 쳐다보며
감사의 마음을
땅 한 번 굽어보며
감사의 마음을
사람 한 번 바라보며
감사의 마음을 가져본다.
오늘도
비 내리는 내내 감사의 콧노래가
이어지길 기원해본다.

# 잘 죽는 길이 잘 사는 길

하늘은
먹구름이 떠 있고
땅은
흐린 가운데 시원한 바람이 분다.
흐르는 세월 이기는 장사 없다고
어제 더위가 마지막 무릎을 꿇는다는 말복이 지나니
벌써 조석으로 선선함이 느껴진다.

인간이
흐르는 세월을 하루하루 새고 있을 때
자연은
나이를 한 살씩 덤으로 준다.
힘 있을 때 좋은 추억 많이 만들고
즐거운 시간을 보내야 한다.

늙어 병들어 자리에 눕게 되면
인생 허망한 것이다.
평생 바둥거리며 모은 재물이
아무런 의미가 없어진다.
자식 핑계나
노후대책 핑계되며
돈 버는 기계처럼 살지 말고
틈틈이 마음공부 하면서 자신을 가꾸어야
곱고
향기 나게
늙어가게 된다.
마음에 축적된 힘이 없으면
몸이
급속도록 풀리며 흉한 몰골이 되고 많다.

수행을 통해
마음 문을 활짝 열고
꽉 닫힌 호주머니도
틈틈이 비우고 내려놓음을 실천해야 한다.

살아가는 마지막 포인트는
모든 것을 내려놓고 가는
죽음의 길이다.
그래서
평상시 자신을 비우고
내려놓는 연습이
수행이요
잘 살고
잘 죽어가는 길이다.

# 돌고 돌아라

돌면
밖으로 뛰쳐나가려는 원심력에 의해서
번뇌가 빠져 나간다.

돌다가
양 팔을 옆으로 펼치기도 하면서 돌아보라.
바람개비가 돌아가는 것은
바람이 밖으로 빠져 나가기 때문이다.
바람이 바람개비 안에 머물러 있다면
바람개비는 돌아가지 않는다.

내 몸이
바람개비처럼 돌면
내 마음을 혼란스럽게 하는
온갖 잡념이 쉽게 빠져나가고
텅 빈 마음은
안정을 되찾게 된다.

## 가사와 바루

천 하나로 몸을 두르니
어느새
삼천대천세계가 내 안에 들어오고
한 끼의 먹거리를 구걸 차
바루 들고 길거리에 나섰네.
오늘도 어느 때와 다름없이
세상의 꿈들이
내 작은 바루에 차고 넘쳐흐른다.
비로소
맨발의 수행자가 되어
대지 위를 걷고 있는 뜻이
어디에 있는지 알겠구나!

꿈같은
현실 속에 무슨 인연이 있겠으며
작은 하나의 먼지라도
내 것이라고 우길 것이 전혀 없다.
내가 전해줄 것은 내려놓고 비우는 삶이
행복에 이르는 길이라는 것인데
수행자인 난
내려놓고 비울 것이라곤
바루 하나뿐이다.
이 마저도 전해줄 인연을 못 만났으니
내 가는 마지막 길에
흐르는 강물에 띄어
넓은 바다에 이르게 하리라!

## 마음도 음식처럼 잘 먹어야 하는 것

일상의
모든 생각이나 말과 행동 등은
마음이라는 꽃밭에
씨로 뿌려져서
미래에 자신이 만나게 될 환경이 된다.
불교의 가르침인 '일체유심조화'는
마음을 먹는 대로
현실화 된다는 것이다.

보리밥을 먹으면
보리 똥을 싸고
쌀밥을 먹으면
쌀 똥을 싸니
이것은 입력된 내용이 그대로 출력되는 이치이다.
무엇을 먹는가가 몸의 질을 결정하고
마음의 질을 결정한다.
그래서 입으로 음식을 잘 가려서 먹어야지만
마음으로도
생각, 말, 행동을 잘 가려서 해야 한다.

자기 주변의 꽃들을 둘러보자.
부모의 꽃,
배우자의 꽃,
자식의 꽃
형제의 꽃,
친구의 꽃,
이웃들의 꽃들은 자신이 언젠가
생각으로
말로
행동으로
뿌렸던 씨들이다.

그러므로 삶이 창조되는 원리를
이해하고
활용하면
자신에게 맞는
맞춤형 운명을 만들어 낼 수가 있다.
이왕이면 우리도
부처님처럼
한 송이 연꽃을 들고
활짝 웃으며 자유로운 삶을 살아보자.

# 승천하는 용의 기상처럼

누우나
앉으나
서나
걸으나
부처님처럼 허리를 세우고 가슴을 활짝 펴면
건강이 보이고
막힌 운이 열린다.

몸이 아프고 하는 일마다 안 풀리는 사람은
이미 몸의 중심선인 척추가 무너져 있다.

허리를 세우면
자연치유력이 살아나고
등을 펴면
만 가지 병이 물러가고
가슴을 펴면
마음이 열려 행운이 찾아온다.

우주의
씨알이자 열매인
인간의
중심에는 33개로 연결된 척추가 있다.
이는 우주의 기운이 왕래하는
33 계단처럼 된 석탑과 같다.
척추는
힘차게 땅을 밟고 하늘로 치솟아 오르는
승천하는 용의 기상처럼
살아 있어야 한다.

# 부처님의 씨를 받은 자

난자와 정자라는 씨가 만나서
280일 동안 태중에서 삶을 살던
태아는
보다 큰 씨가 되어
지구라는 밭에 떨어지니 남子, 여子가 그것이다.

'子'는 씨란 뜻으로
지상에서 자기의 뜻을 펼쳐갈 업이 프로그램 되어 있는 것이다.
하나의 씨가 밭에 뿌려지면
이윽고 싹이 터
한 그루의 꽃나무로 펼쳐져 나온다.
불보살님들은
양심의 씨를 가지고 세상을 이롭게 하려는
육바라밀의 대원을 가지고 오시지만
중생은
자기 욕망을 채우려고
전생으로부터 이어온 업을 가지고 태어난다.

불자란
부처님의 씨앗이란 뜻으로
세상을 이롭게 할
큰 원을 펼쳐서 살라는 촉구인 것이다.
이 땅의 모든 사람들이
세상을 위해 기도하고
서로 축복하며
살아가는 깨어있는 보살이길
소망해 본다.

# 수행은 사랑의 완성

사랑하는 님 앞에 서면 '나'는 아주 작은 존재가 된다.
이윽고 작은 존재마저 사라지게 되고
오직 님만이 남게 되니
이를 '본래 한 물건도 없다'고 하는 것이다.

사랑이나 수행의 길은 두려운 길이 아니다.
그것은 자기의 한계를 벗어나
전체적이 되는 행복이 충만한 길이며
마음을 통째로 바꾸는 신비로운 길이다.

신비로움이란 곧 빛이다.
사랑도, 수행도, 깨달음도, 다 빛이다.
그리고 그 빛 가운데서 몸에 걸친 실오라기
하나까지 벗어던지고
빛을 상징하는 가사 하나로 알몸을 감쌀 뿐이다.

수행이란 부처님을 사랑하는 길이다.
그림자(무명)를 몰아내고 빛이 되어가는 길이다.
그것은 빛의 신비로움에 참여하여
빛의 축복을 체험하는 동시에
'나'라는 그림자는 철저하게 사라지게 하는 길이다.
수행의 길은 빛으로 몸과 맘을 채워가는 것으로
내가 길이 되고, 진리가 되고, 생명이 되어가는 길이다.

예뻐지고
멋있어지고
즐거워지고
자존감이 생기고
행복을 느끼게 한다.

인간은 누구나 그 마지막은
'나'라는 그림자를 다 내려놓는 죽음이라는 의식을 보여준다.
수행이 없는 일반인은
죽음이 그의 모든 소유를 빼앗아가는 원통한 일이 된다.
그러나 수행을 통해 '나'라는 그림자를
하나하나 거두어 내려놓는 무소유한 수행 속에
빛으로 마음을 채워 나온 사람은
죽음이라는
의식을 통해서 육신마저 이 땅에 돌려주고
원래 왔던 빛으로 돌아가는 축제의 행보를 보여 주고 떠난다.

부모에 대한 사랑
부부에 대한 사랑
자식에 대한 사랑
친구에 대한 사랑
이웃에 대한 사랑
자연에 대한 사랑
이 모든 것을
총합한 사랑이 바로 수행이며
육바라밀의 완성이다.

# 견물생심

견물생심 하면
생각나는 것이
애들 앞에선
숭늉도 못 마시겠다는 말이다.
어린아이를
천진스럽다고 하는데
세상적인 것을
끌어 모으려는 욕망이
아직 본격적으로 발동되기 전이라
마음이 맑은 상태이다.
바로 수행을 통해서 얻고자 하는
청정심인 것이다.

그런 어린아이 앞에선
숭늉도 함부로 못 마시겠다는 말이 생긴 것은
어린아이는
마음이 세상적인 욕망에 오염되기 전이라
맑음은 있어도
명명백백하게
사물을 판단할 수 없기에
보이고
들리고
느끼는 대로
마치 사진 찍듯이
외부의 자극이 마음에 새겨지기 때문이다.

한 번 마음에 새겨진 정보는
어느새 자기도 모르는 가운데
되풀이 된다는 것이
바로 견물생심인 것이다.
이것은 불교에서 말하는
마음의 작용원리와 궤를 같이하는 것이나.
또한
누구를 미워하고나 좋아하게 되면
어느새
그 사람처럼 자신이 행동하고 있다.
주사가 심한 아버지를 보고 자란 아들이
어른이 되어서
주사를 되풀이 하고 있는 것이 그 이유이다.
옳고 그름을 판단하기 이전에
보여 지는 모습이
더욱 강하게 마음에 새겨진다는 것을
알아야 한다.
그런 점에서
세상에 태어나기 전의
모태 안에 있는
태아교육의 문제는 심각하게 고민해 볼 문제이다.
아직
사물을 구별하고
시비를 가릴
판단력이 없는 때이므로
모친의 눈으로 보여 지는 그대로
사진 찍히듯이 마음에 새겨지게 된다는 것을
알아야 한다.

그래서 수행자는
마음이 짓는 메커니즘에 휘둘리지 않고
자유로워지기 위해선
보이고
들리고
숨쉬고
맛을 보고
느끼고
생각되어지는 것에 대하여
그냥 봐라보면서
실체가 없음을
자명하게 알아차리도록 해야 한다.

# 세상엔 오직 나 밖에 없어

꽉 잡은
너와 나의 손 가운데
세상의 꿈이 다 들어온다.
기쁨은 +플러스
슬픔은 -마이너스
사랑은 ×곱이 되고
마음은 0영이 되어
안락하고
행복하여 진다.

두 손을 가슴 앞에 합한 나
두 손을 꽉 잡은 우리
지금처럼 구분 없이 'O''O'히 살아가요.

두 손을 가슴 앞에 모으면
오직 세상엔 나 밖에 없고
두 손을 잡아도
역시 오직 세상엔 나 밖에 없다.

두 손을 합하고
두 손을 잡은 손이
꿈이라도 좋으니 절대 깨지 않도록 해요.
그래서 천상천하유아독존으로
우리 함께 영원히 살아있어요.

# 모른다

인생이 무엇인가?
나는 모른다.
너도 모른다.
그럼 귀신은 알까? 귀신도 곡할 일이 바로 이것이다.
하늘 위에나
땅 속이나
죽어서 가는 세상에도
인생에 대한 해답은 없다.

그런데도
수많은 문제로 고통을 당하면서 해답을 찾고 있다.
답이 없는 문제를 붙들고 생고생을 하고 사니
수수께끼 같은 일이다.

생각과 감정을 내려놓고
오직
그 자리에만 머물러 있으라.
이것이 바로 무無의 정신이며
항상 육문눈, 귀, 코, 입, 몸, 생각을 통해
금색광명육바라밀의 에너지이 방광하는 이치이다.

## 나눔의 생활

샘물은
퍼내면 퍼낼수록
더욱 맑은 물이 솟아올라
빈자리를 채우고
주변으로 넘쳐 흘러간다.
자기를 비어 나눔의 생활을
열심히 하는 사람은
다음 생에
큰 복력을 가지고 태어난다.
무슨 일을 하던지
다른 사람보다
수월하게 원하는 결과를 만들어 내게 된다.
주변에서 '저 사람은 하는 일마다 술술 잘 풀리는데 나는
도대체 무슨 이유로 하는 일마다 안 되는지 모르겠다.'고
푸념하는 얘기가 그것이다.
자기가 머무는 곳곳마다
복 밭이라고 생각하고
하는 일 마다
복의 씨를 뿌린다는 마음으로
복 밭을 잘 관리해야 한다.

나눔의 생활은
마땅히 실천해야 하는 덕목이기도 하지만
실속 있고 풍요로운 삶을 위한
자기 관리의 방침이면서
선정을 통한 지혜를 들어나게 하기 위한
마음 밭을 일구는 정리 작업이기도 하다.
그러므로
인생사 모든 괴로움을 벗어나서
자유로운 마음이 되려면
남을 기쁘게 하는 일을
고민하고 실천할 줄 알아야 한다.
또한 탐내고 성질내고 내 것 남의 것을 분별하는 마음을
벗어나려면
이 세상에 먼지 하나까지도
내 것이라고 할 것이 없음을
알아차려
마음을 허공처럼 비어내야 한다.
몸이든 마음이든 재물이든 비어내는 도리가
곧 무한한 덕을 기르고 복을 쌓고
지혜를 드러내는 비결인 것이다.

## 심각할 것이 없다

행복한 기분을 미루지 말자.
이 시간 이후는
우리가 어찌 될지 아무도 모른다.
이 시간
행복한 기분을 가지고 있다는 것이
바로 행복한 사람이다.

행복이나 불행의 감정은
주변 사람들이 만들어 주는 것이 아닌
오직 자기 마음이 결정한다.
지금 나는 행복한가?
행복하다 인정할 준비가 필요한가?
행복이든
불행이든
전혀 준비가 필요 없이
그냥 자기 마음이 정하면 된다.

기분 좋은 감정이든
기분 나쁜 감정이든
붙들고 있지 말고
차창 밖으로 보여 지는
지나가는 한 장면처럼 보자.

사람들은 흘러간 시간들을 회상하며
뒷늦은 후회 속에 겸손을 배운다.
인생사
지나고 보면
심각할게 하나도 없음을 알고
멋쩍은 표정 지으며 웃는다.

서로 힘들게 한 것이
욕심 부리고
시기질투하고
속 좁은 생각에서 생긴 일이라는 것을 알게 된다.

행복의 감정이란
누가 선물로 주는 것이 아닌
오직 자기 마음에 달렸다는 것을 알라는 것이
부처님의 행복론이다.

# 빛은 생명의 씨알

생명의 본질인 빛心光子은
무량수 무량광인 아미타불의 실체이다.
빛은
본질적으로
파동마음이라는 흐름과
동시에
입자생각라는 미세한 씨알로
양쪽을 오가는데
영원한 파동을 무량수,
광대한 빛을 무량광이라고 하는 것이다.

그럼으로 아미타불은
본질과 현상,
절대와 상대,
열반과 생사를 아우르는 개념이다.

아미타불인 생명의 빛에
외부에서 자극이 주어지면
이에 반응하여
파동이나 입자 중 하나로 반응한다.

생각이나 감정이 개입된 외부의 자극에는
빛의 입자가 이를 입력했다가
색으로 반사하여 물질화의 과정을 통해
실물로 구체화된다.
인간이 평소에 하는
정신활동이나
감정변화나
종교적인 기도가 이루어지는 원리도 같다.

씨알이 빛을 받으면
씨알에 입력된 정보가 터져 나오면서
한 그루의 나무가 되듯이
생명의 빛에
인간이 이루고자하는 의지의 힘이 작용하면
빛은 입자로 변화하여
물질화의 과정 속에서 인과법칙을 따른다.

무심으로 자극하면
빛이 파동에 머물러
일체현상색을 거울처럼 비춰내는
지혜의 빛거울이 된다.

이렇듯 빛이
탐욕이 발동하여 자극을 좇아가는
유심有心 작용으로
색이 터져 나오면
희로애락과 생로병사의 길로 나아가고
외부의 요구를 지혜로서 살펴
무심無心 작용으로
대자대비심을 일으키면 중생의 유익을 챙겨며
육바라밀을 실천하는
보살의 삶을 산다.

# 죽음을 준비하며

자기 스스로 죽음을 준비하여
마음공부와 더불어 선업을 닦은 분은
사후 49재$_{7\times7}$가 필요 없고
21$_{7\times3}$일 동안만 재를 올려도 영가 스스로
자신이 살다간 이 세상이
무상하고
괴롭고
내 것이라고 할 만한 것이
하나도 없다는 사실을 자명하게 알게 된다.
그래서 미련 없이
곧바로 발걸음을
서방정토로 향하는 것이다.

살아서 깨어있는 의식을 유지한
도인일 경우에는
몸이
있고 없고를 떠나서
이미 그 마음이 서방정토에
머물러 있다고 할 것이다.

생사문제는
자기 스스로 준비하고 해결하고 살아가야 한다.
평소 마음공부 열심히 하고
복 짓는 선업 많이 쌓고
죽으면
숨 떨어지자마자
평소 쌓아 놓은
공부의 에너지와 선업의 에너지가 발동하여
자기 앞길을 밝게 비추게 된다.

살아남은 유족들이
조금만 염불기도의 힘을 보태면
100%로 서방정토 극락세계로 태어나게 된다.

나이 들어가면서 남아도는 시간들
놀자니 염불한다고
열심히
복 짓는 일 하나라도 더 실천하고
내려놓는 마음공부 한 번이라도 더 해서
마음이 총명해지도록 해야 한다.

# 전체적인 인간

컵은
비어야
물을 담을 수 있고
서랍은
비어야
이것저것 넣을 수 있듯이
수많은 생각을 비어내야 비로서 모든 것을 담을 수 있다.

이는 현실적으로
수많은 현상을
밀어내야
또 다른 수많은 현상을 담을 수 있다는 것이기도 하다.
잠시라도
수많은 현상을 밀어내지 않으면
그 수많은 현상 속에 자신이 갇혀 버린다.
이미 습득된
수많은 정보에
집착치 않고
앞으로
새로운 정보의 취득을 위해서
나아가야만이
날로 발전할 수 있는 것과 같다.

세계는
찰라도 멈춤없이 움직이며
최첨단을 향하여 변화하고 있다.
버리지 않으면
새로운 정보를 수용할 수 없다.
이미 취득한 과거의 정보에 갇혀서
앞으로 나아갈 수 없어
과거에 붙들려 도태되고 마는 것이다.
즉
비우고
버리고
내려놓은 과정을 통해서
더 많은 것을
채울 수 있는
여유공간을 확보하게 되는 것이다.

본래무일물本來無一物이라 하여
한 점도
찍혀 있지 않는
원래의 마음바탕에
어머니 모태 속에서부터 죽을 때까지
수많은 정보, 지식, 감정들이 덧칠이 되어
본래의
텅 비어 있고
맑고 밝은 모습을 가리고 있는 것이다.

그래서 수행이라는
버리는
조정 작업을 통하여
이미 덧칠이 된 내부의 간섭과
새로운 외부의 간섭으로부터
본래의 내 마음바탕이 영향 받지 않고
그대로 드러나게 해야 한다.

이것이 창조적인 인간으로
자신의 정신 자산을 그대로 확보하고
사용법을 아는 깨달은 사람이다.
수많은 변화의 수를 쫓아 다니는 것이 아니라
그냥 지나치게 내버려두면
본래 허공같이 텅 빈 100% 여유자산을
그대로 유지하게 된다.

그러나 그냥 흘려보내야 하는
구름이나
물 같은
가변의 수를 붙들려는 마음이 일어나게 된다면
그 순간
텅 빈
내 본래의 모습에
칸이 생기고 잔이 생겨서
공간이 나뉘게 되고
전체성을 잃어버리고
개체성에 갇히고 마는 것이다.

개체성에 갇히게 되는
몸과 맘은
계속 긴장상태가 유지되면서
에너지의 과소비가 발생하게 된다.

수행은
수많은 개체성의 유혹으로부터
전체적인 자신을 지켜내는
조정행위이며
정신 자산을
능률적이며 효과적으로 사용할 수 있는 법을
단련하는 것이다.
그러므로 깨달음의 고수들은
평상시
마음의 여유 공간을 제로상태無로 관리하다가
필요시
마음의 힘을 100%로 전체적으로 사용하는 사람들이다.
마치
방안의 전구 스위치를 끄면
방안이 어두워 있나가
필요시 스위치를 켜면
어둡던 방안이 환하게 밝혀지는 것과 같다.

스위치를 끄는 것은
몸과 맘의 긴장 상태를 해소하여 이완시키는 것이요
스위치를 켜는 것은
몸과 맘이 완전히 이완된 상태에서
알아차림을 하는 것이다.

# 무명의 진흙 속에 활짝 핀 연꽃

명상을 통한 관조의 빛 에너지가
깊은 잠에 취해있는
무명의 심연 속으로 뻗쳐들면
그곳에 쌓여있는 업장이라고 하는
부정의 에너지들이 해체되면서
몸과 맘이 정화과정을 거치게 된다.

그리고 명현 현상처럼
몸과 맘이
부정의 에너지에 억압되었다 풀리면서
해방현상으로
심한 '몸살'을 앓게 된다.

물체는
밖으로 뛰쳐나가려는 원심력과
안으로 당기려는 구심력 작용으로
돌아간다.
이러한 물리적인 운동법칙의 영향은
밖으로
물질적, 정신적 탐욕을 키워나가려는 마음과
안으로
이를 지키려는 심리인 에고자기, 자기 것의
탄생과 강화로 나타나게 된다.

그래서 인간은 태어나면서부터
탐진치라는 세 가지 고질적인 마음이 발동하게 되어
탐욕부리고
시기질투하고
어리석은 생각으로
부정적인 에너지를 끌어 모으려는 마음이
발동하게 된다.
그래서 전체적으로 편재해 있는
자유로운 자기가
개체적으로 고립된
부자유스런 자기로 가두어지는 '몸'이라고 하는 것이
탄생하게 된다.
이것은 자연스럽게 자기소유를 주장하게 되고
더 큰 정신적, 물질적 욕망추구로 발전하면서
자유로운 마음을 구속한다.

결국 끌어 모은 탐욕의 덩어리들로
견고한 성을 구축하고
그 안에 자기를 가두어 버리는
중독현상이 일어난다.
이러한 인간은
세상을 살면서 마음 깊숙이
여러 상처를 간직하고 산다.
그 상처들이 심하여 덫이 날 경우에는
부정심리에
편벽된 성격이 생기고
왜곡된 심리를
순간적으로 풀어내려는 공격적인 성격이 되기도 한다.

소위 주색잡기나
범죄 같은 고질적인 악습이나
자기를 보호하려는
지나친 견제와 반항심리도
알고 보면 상처 입고 억압받은 마음의 작용인 것이다.
인과법칙에 지배되는
생멸하는 현장인 우리의 삶은
무無의 절대성을 인식하지 못하기에
무명無明이라는 어두운 커텐 속에 갇힌 생활을 한다.

어둠속에서는
대낮에 할 수 없는 수많은 무질서가 횡행한다.
아무리
화장으로 꾸미고
지성으로 무장하고
고가의 명품으로 치장하고
호화저택이나 풍경 좋은 별장에 살아도
속에는 탐심, 진심, 어리석음을 담고 포장하며 산다.
그런 점에서
본질적 양심에 입각해서
순수하게 살고자 하는 보살은
그 자체만으로도 존경받을 만 하다.

밤에는
은행이나 건물의 경비원, 해안초소의 사병이나
범죄 취약지역을 순찰하는 요원들의
눈초리가 매섭게 번쩍이게 된다.
다들 깊은 잠에 곤히 떨어져 쉴 때 이분들이 깨어서
경계근무를 확실히 서 주기 때문에 우리는 안심할 수 있다.
적지를 매 눈으로 지켜보는 경계병의 수칙이 있다.

'멀리서 가까이로,
좌우에 우로,
우에서 좌로,
중첩해서 살펴라,
이상한 움직임이 발견되면
더욱 세세하게 살펴본다.'가 그것이다.

무명 속 업장이라는
수많은 부정한 에너지들을 해체시켜
허공으로 돌려보내고
하나의 점도 찍혀 있지 않는
거울 같은 공한 의식 상태를 드러내기 위해서는
어둠 속을 헤드라이트로 밝히듯
마음의 움직임을 세세하게 살펴보는 습관이 필요하다.
그것이 바로
수행의 핵심이기도 한
반야심경에 나오는 관자재보살의 관조법이다.

부처님이 오시는 4월에는
도처에 꽃이 피어난다.
사찰과 산속
그리고 길거리, 들녘, 해안가나
거실 한 켠 에도 꽃들이 만발한다.
부처님께서
영산회상에서 대중가운데 들어 보이셨다는
한 송이 연꽃의 메시지가
도처에서 법음을 토해 내고 있다.

남이 아닌 자기에게
관심을 갖고
자기를 바라보는 것
이것이 참다운 보시를 실천하는 것이며
지혜를 완성하는 길이며
최고로 복 짓는 선행이다.
모든 사람들의
마음 깊숙이 묻혀 있는
연꽃 씨가
한 송이 웃음꽃으로
피어나길 소망하며
난 보살로써 주어진 길을
묵묵히 가야겠다.

# 참선체조수행 프로그램 안내

## '참 행복한 나' 강의

본질에서 인간은 단 한 번도 벗어난 적이 없는 온전한 존재이다. 힘겨운 현실이 자신의 몸과 정신과 마음을 무너지게 해도 그 본질은 조금도 망가진 적이 없다.

이 세상이 혼란스럽게 느껴져도 자연의 법칙은 일정하게 유지되고 있는 것과 같다. 존엄한 자신의 참 모습을 이해하고 이를 체현해 내려는 동기를 부여하는데 목적이 있다. 강의 때마다 '참 행복한 나' 저서의 소제목을 가지고 얘기를 진행한다.

## 걷기 명상 움직임과 함께

몸의 정중선에 힘이 머물게 하며 골격계, 근육계, 신경계를 좌우로 대칭시켜서 몸의 균형을 회복한다. 균형이 회복된 몸은 정신적 균형감각을 회복하게 되기도 한다. 천천히 걸으면서 발바닥이 땅바닥과 입맞춤하는 그 느낌을 알아차리도록 하면서 정신이 '현재' 곧 움직임과 함께 하도록 한다.

석가 삼존불에서는 좌측에 문수보살, 우측에 보현보살이 자리하고 있고 아미타삼존불에서는 좌측에 관음보살, 우측에 대세지보살이 자리하고 있다.

좌측에 위치한 문수와 관음은 중앙의 주불을 오른쪽에 두고 있고 우측에 위치한 보현과 대세지는 중앙의 주불을 왼쪽에 두고 있다.

그러므로 마음을 비워 지혜를 계발하려고 하면 서 있는 자리에서 몸을 왼쪽으로 원을 그리며 돈다. 옆구리를 우측에 두고 오른쪽 발을 축으로 해서 도는 형식을 취하고 현실적인 능력을 계발하고자 할 때는 서 있는 자리에서 몸을 오른쪽으로 원을 그리며 돈다. 옆구리를 좌측에 두고 왼발을 축으로 해서 도는 형식을 취하도록 한다.

이것은 태양과 달에 의한 에너지의 발산과 수렴, 이理와 기氣인 공空과 색色이 변화하는 원리와 같다.

이것은 남녀가 길을 걸어가는데도 에너지의 발산을 상징하는 양인 남자는 왼쪽에, 에너지의 수렴을 상징하는 음인 여자는 오른쪽에 위치하여 걷는 것을 말하며 잠자리도 남자는 왼쪽에서 여자는 오른쪽에서 몸을 돌려서 서로 마주보는 것이 맞는다.

### 바루 명상 텅 빔과 함께

걷기명상의 일종으로 현대인들에게 부처님의 수행정신을 본받게 하고 걷는 속에서 부처님의 마음을 깨닫게 하기 위해서 본 선원에서 개발한 수행법이다.

부처님께서 법제자에게 전하신 옷 한 벌과 밥 그릇 하나는 법을 이어받은 법왕자라는 징표와 함께 이 세상이 끝나고 시작되는 죽음의 세계, 그리고 그 죽음의 세계가 끝나고 시작되는 열반의 세계를 향해서 오직 한 길로만 정진하라는 촉구이면서 수행의 과정에 있는 사람은 옷 한 벌과 밥 그릇 하나

이외에는 소유하지 말라는 유지인 것이다.

세상 속에 머물러 있지만 세상적인 가치추구를 중단하고 절대의 세계를 향해 나아가는 수행자는 세상적인 것이라는 것은 자신의 몸을 지탱하기 위해서 알몸을 감싸는 천 하나와 얻어먹고 살아야 함으로 탁발에 필요한 밥그릇인 바루 이외에는 소유하지 못하게 했던 것이 부처님이 수행자들에게 내린 수행지침이셨다.

그래서 스님들은 아무런 수고도 없이 수많은 사람들의 손을 거쳐서 자기 입에 들어오는 음식물에 대한 무한한 감사를 표하고 반드시 성불을 통해서 은혜를 갚겠다는 각오에서 공양게를 읊는다.

수행자가 철저하게 무소유한 청빈의 삶을 살아야 하는 이유는 깨달음이나 영혼의 구제를 위해서는 철저하게 물질세상을 초월한 절대로 순수한 마음상태에 이르지 않으면 안 된다. 그러므로 '본래 한 물건도 없다'는 철저히 무소유한 청빈생활을 하지 않으면 안 된다.

바루 명상을 실시하는 이유는 세속적인 가치추구를 하는 불자들에게 수행자가 자기 몸을 지탱하기 위해서 탁발에 사용하는 밥그릇인 바루를 들고 걷게 함으로써 무소유한 정신을 이해케 하고 나눔의 삶을 통해서 자신을 비우도록 보시의 중요성을 일깨우기 위함이다.

이 바루 명상을 통해서 불자들은 작은 소유로도 큰 만족을 느끼며 행복해 할 수 있는 소욕지족의 정신을 깨닫게 된다.

**명상체조** 자연리듬 회복

망가진 몸의 각 부분을 수리하여 균형있고 단정한 몸을 만드는 과정으로 돌 전후하여 아이의 움직임을 따라 몸을 재생하는 '기는 동작' 과정을 밟고 목, 등, 허리와 골반, 다리의 골격과 근육을 바로 잡아서 기혈유통, 신경유통, 호르몬 유통을 시키는 교정체조와 '타동법'을 실시하게 되며 파트너를 정하여 상호 몸수리에 참여해서 건강을 회복해 내는 과정이다.

**관음명상** 소리로써 심신을 정화

소승이나 대승에서 사용하는 수행법의 핵심은 지관쌍수 즉 마음을 어지럽히는 잡념을 다스리고 맑고 밝은 빛의 실체인 마음의 본색이 스스로 드러나게 하는데 있다. 그러므로 부처님이 대중가운데서 한 송이 연꽃을 들어 보이신 것이나 운선사의 고함소리나 조주선사의 차 한 잔이나 구지선사의 촛불 한 자루 등 도 지관쌍수의 범위에서 벗어나지 않는다.

본 선원에서 실시하는 소리명상은 우주운동의 시작과 끝이라는 전 과정의 의미를 담고 생명의 본질이라는 의미를 담은 '옴' 소리를 가지고 마음을 어둡게 하고 불안케 한 번뇌망상을 다스려서 마음의 본래모습인 행복극락이 드러나도록 수련한다.

옴 소리는 모든 소리 중에서 가장 파장이 길어서 사물의 표면을 쉽게 투과하여 중심내부에서부터 자극을 주기 시작하여 표면으로 옮겨온다. 그러므로 온갖 번뇌 망상을 쉽게 다스려내서 본질인 참 나로 곧바로 좇아 들어가 참 나가 깨어나도록 작용을 한다.

자연계에는 수많은 파장들이 있는데 파장이 긴 것은 사람의 중추신경계에 영향을 주어 자율신경계의 실조증을 다스리고 혈액순환촉진, 호흡의 안정을 가져오며 생리 기능의 활성화, 심리적인 안정, 균형잡힌 사고까지 가능하게 한다.

이 소리명상을 지속적으로 하게 되면 잘못된 행위와 인식으로 발생된 기억의 힘으로부터 벗어나게 된다. 집중의 힘이 강해지면 부처님의 백호광명에서 강력한 빛에너지가 나의 머리 위에서부터 아래로 쏟아져 내리는 관상을 하면서 하도록 한다.

## 호흡명상

대념처경, 신념경, 입출식념경 등 세 경전은 부처님께서 당시 제자들을 직접 지도하셨던 내용을 담고 있으며 그 가르침의 중심에는 호흡이 있다. 호흡을 통해서 번뇌와 고통을 여의고 열반의 행복을 성취해 낼 수 있다는 것을 알 수 있는 것이다.

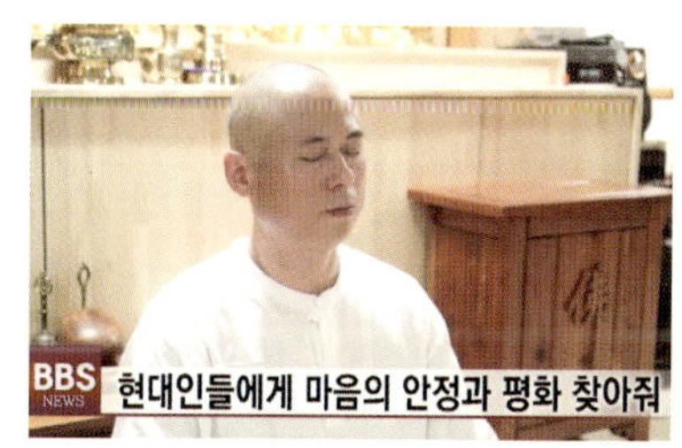


진리는 무얼 말하는가? 바로 생명활동의 진짜 모습을 말하는 것이다. 살아 움직이는 생명활동의 참 모습을 내 몸에서 찾는다면 삶이란 숨 한 번 들이마시고 죽음이란 숨 한 번 내쉬는 것에서 찾을 수 있다.

바다가 일렁거리며 높은 파고를 일으키는 것이 삶이요 이어서 파도가 산산히 부서져서 바다로 돌아가는 것이 죽음인 것이다.

그리고 또다시 파고를 일으켰다 바닷물로 돌아가는 것을 반복하는 것이다. 한 번 일어날 때 마다 삶이 일어나고 한 번 부셔질 때마다 죽음으로 돌아가는 움직임 속에는 똑 같은 내용의 반복이란 존재할 수 없으며 오직 새로운 변화현상만이 일회성으로 반복 될 뿐이다.

그러므로 움직이는 물에는 일정한 형상이나 특징이 있을 리 없어서 본질적으로 무소유, 무집착의 성질을 띠게 되는 것이다. 한 번 일으킨 파도를 한 번 산산조각내서 바다로 돌려보내기 때문이다. 그래서 움직이는 물은 어느 한 곳에도 생각이나 감정을 쌓아둘 공간이 없다.

그러나 인간의 생각이나 감정, 느낌은 과거의 산물인 기억에 의존함으로 수많은 생각이나 감정, 느낌의 굴레에 갇혀 살면서 이를 시스템이니 원리니 운명이니 치부하며 변화를 거부하면서 살고 있다. 숨을 한 번 들이마시고 한 번 내쉬는 속에 새로운 느낌이 창조되어 나타난다.

단지 기계적인 호흡활동으로 무관심속에 방치되어 있으므로 참 삶의 의미, 맛을 놓치고 사는 것뿐이다. 하루에 단, 5분이라도 숨이 들어오고 나가는 호흡현상을 관찰하는데 시간을 투자해 보면 평소에 자신이 얼마나 많을 것을 놓치고 잃어버리고 살았는지 알 것이다. 멈추어 비운 자만이 움직이는 모든 것을 알아차릴 수 있다.

### 자성불의 수기

인간은 누구나 언젠가는 생사를 해탈하여 부처가 되도록 예정되어 있는 것이다. 경전에 보면 부처님께서 제자들을 수기하며 언젠가는 부처가 될 것이라는 말씀을 하시는 것을 볼 수 있다.

자성불 수기란 자기 스스로 언젠가는 번뇌망상을 타파하고 부처가 될 것이라는 것을 스스로에게 각인 시키는 의식이다. 또한 자기 가정의 식구들은 물론이거니와 자식의 마음을 아프게한 사람도 대상이 되어 서로간에 얼킨 감정의 기운을 풀어내고 부처님이 되도록 축복하기도 한다.

부처님처럼 바로 앉아서 두 눈을 감고 몸을 이완한 후 빛 명상상태에서 진행하는 것을 원칙으로 하지만 때론 자리에 누운 상태에서 진행해도 무방하다.

초판 1쇄 인쇄 2017년 11월 13일
초판 1쇄 발행 2017년 11월 20일
지은이 종학스님
사진 오상룡, 박성혁

펴낸이 김양수
편집 · 디자인 서경희, 박정준
펴낸곳 도서출판 맑은샘
출판등록 제2012-000035
주소 경기도 고양시 일산서구 중앙로 1456(주엽동) 서현프라자 604호
전화 031) 906-5006
팩스 031) 906-5079
홈페이지 www.booksam.co.kr
블로그 http://blog.naver.com/okbook1234
페이스북 https://www.facebook.com/booksam.co.kr
이메일 okbook1234@naver.com
ISBN 979-11-5778-245-1 (03800)

*이 책의 국립중앙도서관 출판시도서목록은 서지정보유통지원시스템 홈페이지(http://seoji.nl.go.kr)와 국가자료공동목록시스템(http://www.nl.go.kr/kolisnet)에서 이용하실 수 있습니다.
(CIP제어번호 : CIP2017029937)